무궁화 선비
남궁억

무궁화 선비
남궁억

발행일 | 2010년 12월 22일
발행인 | 김재현
글쓴이 | 남궁억
엮은이 | KIATS · 한서기념관
디자인 | 이명희, 박송화
편 집 | 박종천, 박은영, 이효원, 김재현
펴낸곳 | 한국고등신학연구원(KIATS)
주 소 | 서울시 종로구 명륜동 1가 101-1번지 4층
전 화 | 02)766-2019
팩 스 | 0505-116-2019
E-mail | kiats2019@hotmail.com
ISBN | 978-89-93447-26-2

무궁화 선비

남궁억

The KIATS Press

서울, 2010

"내가 죽거든 무덤을 만들지 말고,
과일 나무 밑에다 묻어서 거름이나 되게 하라."

한서 남궁억 선생의 유언

간행사

한국 기독교는 세계 2,000년 기독교 역사에 유례가 없을 정도로 단시간에 박해와 고난, 열정과 헌신, 교회 성장과 선교와 같은 다양한 경험을 맛보았다. 이러한 경험은 조선 유학자와 초기 가톨릭 교우들 사이의 논쟁, 박해와 순교를 내세와 참된 신앙에 대한 묵상으로 승화시킨 설교와 글과 시 등을 통해 고스란히 표출되었다. 하지만 현재를 사는 우리는 이를 가다듬지도, 그 진정한 가치를 온전히 인식하지도 못하고, 늘 서구 기독교만 동경하며 그 문화를 받아들이기에 급급했던 게 사실이다.

최근 들어 지금까지 소홀했던 한국 기독교의 믿음의 유산을 발굴하여 현재의 삶과 신앙을 반성하려는 신앙인들이 늘고 있는 것은 무척 고무적인 일이다. 이런 맥락에서 KIATS(한국고등신학연구원)는 "한국기독교 지도자 작품선집" 시리즈를 통해 한국 기독교의 유산을 집대성하고자 한다.

"한국기독교 지도자 작품선집" 시리즈는 기독교 유래 초기부터 오늘에 이르기까지 한국 기독교의 특징을 잘 드러내 주는 신앙적 혹은 학문적 가치를 갖는 1차 문헌을 선별하여 담아낼 것이다. 우리는 이 시리즈를 통해 목회자, 신학자, 사회운동가, 정치가, 사상가, 문인, 예술인 가운데서도 기독교적 정체성을 갖고 한국 기독교에 공헌한 분들의 작품도 묶으려 한다. 원전을 정리하고 선별함에는 저자의 설교문과 논문, 수필과 단상, 시와 선언문, 단행본과 전집 등 활자화된 문헌을 우선으로 한다.

본 시리즈를 통해 독자들은 그동안 묻혀 있던 한국 기독교의 보석 같은 글을 다양하게 접하게 될 것이다. 이로써 치열하게 믿음의 본을 보이며 살다 간 조상들의 신앙을 음미하여 오늘을 반추하며, 하나님께서 한국 기독교의 미래에 허락하실 원대한 계획을 꿈꿀 수 있을 것이다. 뿐만 아니라 외국 번역물이 우리나라 기독교인들의 독서를 주도하는 상황에서 우리네 정과 풋풋함, 구수한 토속적 신앙을 한껏 맛보게 될 것이다.

가장 지역적인 것이 가장 세계적이라는 말이 있듯이, "한국기독교 지도자 작품선집" 시리즈가 우리 것에 대한 진지한 성찰과 함께 세계적 차원에서 우리의 신앙을 발견하고 재정립하는 데 좋은 기회가 되길 소망한다.

2010년 12월

김재현

한국고등신학연구원(KIATS) 원장

목차

신앙으로 구국救國의 일념을 실천한 사람 한서 남궁억

현재호
한서 감리교회 목사

신앙으로 나라를 구하려는 뜻을 삶으로 보여준 남궁억(1863-1939) 선생. 그는 조선말 개화기와 일제 강점기를 살며 한국의 새날을 열어간 독립운동가이자 언론인이자, 교육가요, 그리고 진실한 기독교인이었다. 남궁억은 관료로서 나라를 가슴에 품었고, 교육가로서 이 땅의 아이들에게 교육을 통한 미래를 주고자 하였으며, 독립운동가로서 나라의 독립을 위해 평생 헌신하였다. 그리고 기독교인으로서 겨레의 꿈과 희망을 위해 엎드려 기도하고 일어나 실천하였다.

그럼에도 불구하고 그의 신앙과 인격은 물론 애국 정신도 오랫동안 소수의 사람들에 의해서만 전해져 왔다. 배명학원 설립자인 조용구 전前이사장, 〈강원일보〉 초대 사장과 도덕재무장운동[MRA] 총재를 지냈던 벽파 김우종 선생과 같은 몇몇 제자들, 그리고 그의 노년의 활동 무대였던 모곡 한서 초 · 중등학교, 한서교회를 통해 간신히 그 맥을 이어오는 정도다. 하지만 그의 삶 한고비 한고비마다 어려있는 그의 애국, 애족, 애교愛校의 마음을 우리는 그곳에서나마 어렵지 않게 볼 수 있다.

남궁억의 삶과 활동

남궁억은 1863년 한성 서부[현 서울 정동] 왜송골에서 태어났다. 그는 근대식 세관원稅關員을 양성하기 위하여 세운 영어학교를 최우등으로 졸업하고, 3년 동안의 통역 견습생을 거쳐 1886년 24세의 나이로 관료로서의 삶을 시작하였다. 그는 고종의 신임을 받으며 영어통역관과 구미 6개국 순방 사절단의 수행원 임무를 맡았다. 이를 통해 그는 한국 밖 서구 열강의 모습을 진지하게 보았으며, 쓰러져 가는 국가의 운명에 자신의 삶을 바쳤다. 일본의 한국 침략과 지배가 본격적으로 진행되던 이 시대는 한국 현대 역사에 있어서 매우 암울한 시기였다. 관료로서의 삶을 시작한 남궁억이 예기치 않게 시민사회운동가, 언론인, 교육가로서 활동하며 민족의 지도자가 되고, 독립운동가가 된 것은 바로 그 시대가 이러한 인물들을 필요로 한 때였음을 반증해 준다.

1918년 강원도 홍천군 서면 모곡리[보리울]로 낙향하기 전까지 남궁억은 서구의 제국주의와 일본의 식민지 확대 야욕 속에 흔들리던 국가를 굳건히 하고자 노력하였다. 그는 이천만 민중의 역사의식을 고취시키고 독립의 초석을 마련하기 위해서는 사상에 실력을 겸해야만 한다고 주장했다. 그는 1896부터 1898년까지 독립협회의 실질적 리더인 수석 총무를 지냈다. 그리고 비록 그 명분을 살리지 못하고 뜻을 접어야 했지만, 내로라 하는 민족 지도자들이 앞장서서 조직했던 민간 결사단체인 '대한협회'의 회장이 되어 일제의 강제 병합에 강력한 반대운동을 전개하기도 했다.

남궁억은 다재다능하며 창의적인 활동가였다. 그는 언론인으로서 활동하며 〈독립신문〉의 영어판을 만들었고, 〈황성신문〉을 창간하여 러시아와 일본의 한국 분할 점령 도모에 대한 글을 싣는 등 국내외에 절망적인 한국의 실정을 알리고자 하였다.

1905년 일본에 의해 강제로 '을사늑약'이 체결되자 남궁억은 교육과 인재양성, 그리고 이를 통해 독립의 초석을 다지는 일에 자신의 삶을 헌신했다. 그가 이전부터 민영환이 설립한 홍화학교에서 영문법과 역사를 가르쳤던 일을 생각한다면, 교육가로서의 남궁억의 모습은 결코 낯선 것이라 할 수 없다. 1906년 사립 현산학교[현 양양 초등학교]를 설립하고, 배화학당 교사로도 가르쳤으며, 1919년에는 모곡학교를 설립했다. 또한 〈교육월보〉, 《가정교육》, 《동사략》, 《조선이야기》 발간 등과 같은 일련의 교육관련 활동은 교육에 대한 그의 열정을 고스란히 보여준다.

특히 1918년 선영先塋이 있는 모곡으로 낙향한 이후 1939년 4월 5일 소천 하기까지 남궁억은 기독교 지도자로서의 삶의 모습을 구체적으로 보여주고 있다. 그가 기독교인으로 세례를 받은 것은 1910년, 그의 나이 48세 되던 해였다. 그가 기독교인이 된 것에 대하여 사돈이었던 윤치호는 자신의 일기에 이렇게 기록하고 있다.

1918년 12월 15일 일요일

저녁 7시 남궁억 씨의 고별사를 듣기 위해 교회로 갔다. 그는 천국에 가기 위해서가 아니라 세상으로부터 도피할 요량으로 교회에 다니기 시작했다. 하지만 그는 교회의 대들보 노릇을 해왔다.
(하략)

그 당시 올곧게 독립을 주장하고 일제의 강점에 대항하며 역사의 전면에서 싸웠던 많은 이들이 활동 무대였던 서울을 떠나 속속 낙향하고 있었다. 그가 56세의 적지 않은 나이에 낙향을 결심하던 때에도 이미 많은 지도자들이 새로운 거처를 찾아 산간벽지로 들어갔었다. 그는 일제의 회유와 감시가 점점 더 강하게 조여오는 상황에서 민족을 위한 새로운 도전과 역할이 필요하다 여겼다. 그리고 교육을 통한 독립운동을 결행한 것이었다. 보리울[모곡]이라는 산간벽지 시골에 예배당을 세우고, 그곳을 이용하여 학교를 설립하였다. 민족과 독립을 상징하는 무궁화 묘목을 길러 전국의 예배당과 사립학교로 보냈으며, "무궁화 예찬시"와 "일하러 가세" 등 1백여 곡의 시와 노래를 지어 겨레의 가슴에 독립의 사상과 의지를 심고자 하였다.

기독교에 대한 그의 선택은 현실로부터의 도피나 위안을 받기 위한 것이 아니었다. 동시대를 살았던 선후배 지도자들이 교회를 찾아 힘을 얻고 새롭게 일어서는 모습을 보면서, 그 역시 윤치호의 전도를 받아들여 낙향과 함께 신앙생활은 물론 민족의 독립을 위한 활동을 전개한 것이었다.

"주여! 이 나이 환갑이 넘은 기물이오나 젊어서 가졌던 애국심을 변치 않게 하시니 감사 하거니와, 아무리 혹독한 왜정 하일지라도 육으로 영을 감당할 수 있게 하소서."

1922년 어느 가을날 "일하러 가세"를 지었던 그 밤에 드린 그의 기도문이다. 그의 고백은 스러져 가는 고국에 대한 사랑과 그의 열정을 잘 보여준다. 일제의 감시에도 불구하고 그의 이러한 노력은 해를 거듭할수록 더했고, 마침내 71세의 고령으로 일본 경찰에 체포되어 옥고를 치르고 그 후유증으로 하늘의 부름을 받게 되었다. 숨가쁘게 급변하는 역사의 소용돌이 속에서 남궁억은 일신의 안일과 부귀를 꾀하지 않고 오직 겨레의 새날을 준비했던 실천하는 지성인이자 진실한 믿음의 사람이었다.

신앙구국 교육입국

신앙으로 강탈당한 겨레의 주권을 되찾아 국가를 구원하고, 교육으로 큰 기둥을 세워 나라를 일으키자는 이 신조는 그의 인생 후반의 모습을 고스란히 보여준다. 낙향 후 예배당을 짓고 그곳에 보통학교를 시작하였으며, 《조선어 보충》, 《동사략》, 《조선이야기》 등의 책을 써서 민족 교육에 앞장섰다. 그리고 500여 평의 무궁화 묘포장을 만들어 민족의 꽃인 무궁화 묘목을 전국의 사립학교와 교회에 보급하였다. 애국과 독립의 뜻을 품은 동료들과의 공동체를 통해서가 아닌, 홀로 산골에 들어와 22년간 한결같은 자세로 자신의 뜻을 이어나간다는 것은 쉬운 일이 아니었을 것이다.

하지만 그는 이곳에서 성서를 가르치는 동시에 간단한 한문과 우리 역사를 비롯하여 영어, 산술과 같은 신교육을 가르쳤다. 남궁억이 '개화해야 산다', '특별히 산골 사람들이 깨어나야 민족이 바뀐다' 하고 입이 닳도록 가르친 대로 예배당이 좁을 정도로 많은 사람들이 모여들었다. 가까운 이웃마을 아이들도 이곳에 와서 공책과 연필을 배급 받아 소학교 정도의 과정을 마쳤다. 그리고 "무궁화 동산(우승가)", "삼천리 반도 금수강산", "시절 잃은 나비" 등, 그가 짓거나 가르친 노래들이 사람들의 입에서 입으로 전해져 흘러넘치게 되었을 때, 비록 뜻을 같이했던 동지들이 곁에 있지는 않았지만 그가 이루고자 했던 민족정신과 독립의 기초가 점차 선명해지기 시작했다.

남궁억이 펼쳤던 교육 운동과 무궁화 보급 사업은 실제로 큰 파급력을 가졌다. 그가 일본 경찰에 체포되었을 때 그의 죄목은 '보안법 위반'이었으며, 그 기소 내용은 '모곡학교 교장으로 있으면서 조선역사와 지리를 가르치고, 학교에 무궁화를 수천 주나 심고, 학생들에게 무궁화 시를 읊게 하고, 여 교원으로 하여금 무궁화 창가를 가르치게 하여서 학생들에게 민족주의 사상을 전할 뿐 아니라 교회에서도 여러 가지 직분을 가진 관계로 종교적 집회나 접촉에서 늘 민족주의 사상을 고취하였다.'는 것이었다. 그리고 이 사건은 크게 확대되어 강원도 경찰부의 지시로 7만 주나 되던 무궁화가 모두 뽑혀 불태워졌다. 민족혼을 상징하는 무궁화! 결국 홍천은 물론 춘천 일대의 민가에 있던 무궁화까지 모두 뽑혀 사라지고 말았다.

신앙과 교육을 강조한 남궁억은 다양하고 구체적인 실천방안을 제시했다. 교육을 강조한 그는 〈교육월보〉, 《가정교육》, 《신편언문체법》, 《조선어보충》, 《조선문법》, 《동사략》, 《조선이야기》 등의 실제적인 교육자료를 발간해서 전국에 보급했다. 그리고 무궁화 수본을 나누는 운동을 전개하고, 전국에 무궁화 묘목을 보급하는 사업을 진행하는 등 그의 사상과 실천은 다양하면서도 사람들의 마음을 움직이기에 충분했다. 그는 한두 사람의 탁월한 지도자가 아닌 이천만 민중의 가슴과 머리에 독립 사상과 의지를 심고 이를 실천하는 일에 앞장 선 온 국민의 지도자였다. 그리고 독립의 힘이 되는 실력을 가꾸는 것이 한 시대를 사는 지식인의 사명이자 역할이라고 믿고 묵묵히 이를 행동으로 옮긴 실천하는 지도자였다.

설악산 돌을 날라 독립 기초 다져놓고
청초호 자유수를 영 너머로 실어 넘겨
민주의 자유강산 이뤄 놓고 보리라

(설악산 시조, 1906)

무궁화 꽃이 피었습니다

한서 남궁억이 지나간 자리에는 어디든지 무궁화가 만발해 있다. 봄이 지나 여름이 될 때까지 수많은 풀과 나무들은 마치 제자랑이나 하는 듯 새 옷을 입고 꽃을 피운다. 그러나 여름을 지나 가을까지 날마다 꽃을 피워내어 한 그루의 나무에서 2천여 꽃송이를 피워내는 것은 우리의 꽃 무궁화 밖에 없다. 아침이면 빛을 사모하고 갈망하는 가운데 피어나, 빛과 함께 살다가, 저녁이면 얼굴을 접고 고이 떨어지기에 무궁화는 지조와 고상함을 상징적으로 보여주는 꽃이다. 민족의 꽃 무궁화는 5천년 역사 속에 수많은 외세의 침략과 시련의 역경을 이기고 그 문화와 역사를 지켜온 우리 겨레의 자긍심이자 자부심의 상징이다.

일본은 남궁억의 사상과 신앙을 뿌리째 뽑아 버리기 위하여 어린 학동들까지 동원하여 무궁화 묘목 7만 주를 뽑아 불태웠다. 그러나 남궁억이 이 꽃을 통해 겨레의 새날을 열어가려 했던 보리울에는 지금 그 어느 곳보다 더 화려하고 아름다운 무궁화가 계절을 넘어 피어나고 있다. 그리고 이곳을 순례하는 수많은 한국인들, 특히 젊은이들의 마음 속에 매일매일 새롭게 피어난다. 어린 시절 뜻도 모르고 동무들과 함께 하던 놀이 '무궁화 꽃이 피었습니다'는 바로 이 민족 이 겨레의 가슴에 피어나는 새날에 대한 믿음과 확신의 노래였으리라.

이 책의 구성

한서 남궁억은 당대 중추적인 언론인이었음에도 불구하고 신문이나 잡지에 많은 글을 기고하지 않았다. 까닭에 우리는 그가 남긴 교육용 교과서와 역사책을 통해서만 그의 삶과 생각을 엿볼 수 있다. 이 책은 남궁억이 저술한 책들, 그와 관련된 일화, 그리고 일본 경찰들이 남긴 심문기록 등을 묶어 크게 네 가지 주제로 분류했다.

제1부는 한서 남궁억과 관련된 일화를 정리하여 묶었다. 젊은 시절의 일화, 특별히 모곡으로 낙향한 이후의 일화들을 통해 우리는 촌철살인寸鐵殺人의 시대비판과 말뿐이 아닌 실천하는 삶을 살았던 남궁억을 회고해 보고자 했다.

제2부는 한서 남궁억이 짓거나 보급했던 노래들을 모아 간단한 설명과 함께 실었다. 그는 100여 곡이 넘는 노랫말을 지었으나 많은 곡들이 일제에 의해 금지되거나 폐기되었다. 그러나 다행히 10여 곡이 넘는 노래들은 지금까지 보존되고, 사람들의 입을 통해 즐겨 불려지

고 있다. 남궁억은 불안한 국운의 한가운데서 자신이 지은 노래 가락을 통해 무궁화처럼 희망을 피어내었다.

제3부는 관료시절 언론인으로서 활발히 활동했던 시기에 그가 남긴 글을 모아 정리하였다. 남궁억이 회장으로 활동하였던 대한협회나, 그가 창간하였던 〈황성신문〉 외에도 그가 남긴 창간호 축사 및 논설을 원문과 함께 독자들이 더 쉽게 다가갈 수 있도록 현대어로 풀이한 번역문을 담았다.

제4부는 교육인 남궁억의 모습을 보여주고자 하였다. 낙향 이후 저술하였던 《동사략》, 《조선이야기》뿐만 아니라 그 이전에도 신교육을 쉽게 접하도록 만든 〈교육월보〉, 여성 근대교육 지침서인 《가정교육》 등의 내용을 부분적으로 발췌하여 실었다. 《가정교육》은 여성의 중요성을 인식한 그의 생각을 볼 수 있는 저서이다. 《조선이야기》(전5권) 중 우리는 그 마지막 권인 제5권에 기록되어 있는 한말 상황과 3·1 운동기, 일제 잔혹사 등을 정리하여 담았다. 실제 역사의 현장에 있었던 사람들과 일본으로부터 모진 학살과 고문을 견뎌냈던 사람들의 구술은 다른 역사책에서는 보여주지 못하는 모습들까지 생생히 보여주고 있다.

마지막으로 제5부는 1933년 보안법위반으로 체포되어 심문을 받았을 당시의 기록인 심문조서를 담았다. 일흔이 넘는 노구에도 불구하고 일본 경찰 앞에서 담담히 고백한 조선독립과 민족의 과제는 오늘을 살고 있는 우리에게도 크나큰 도전이 되는 말들이다.

우리는 이 책 전반에 걸쳐 해당 자료들의 사진과 관련 자료들을 함께 담아 독자들의 이해에 도움을 주고자 했다. 한서 남궁억 개인에 대한 단순한 기록이 아닌 오늘을 살아가는 우리에게, 무엇보다도 이 책을 읽는 독자들의 가슴에 남궁억의 삶과 뜻, 그리고 무궁화 한 그루의 의미를 심어주는 도구가 되길 바란다.

제1부

일화

남궁억 생애	연도	역사적 사건	비고
• 서울 정동 왜송골에서 출생	1863	• 흥선 대원군의 섭정 시작	
	1866	• 병인박해, 병인양요 • 제너럴셔먼호사건	
• 글공부 시작	1868	• 오페르트 도굴사건	
	1871	• 신미양요, 척화비 건립	
	1875	• 운요호 사건	
	1876	• 강화도조약, 개항	
• 남원양씨 혜덕과 혼인	1878		
	1882	• 조미수호통상조약 • 임오군란 • 3차 수신사 파견	최초의 태극기 제작
• 서울 재동에 설립된 최초의 영어학교 입학	1883	• 한국최초의 근대신문인 〈한성순보〉 발간 • 서구에 보내진 최초의 사절단인 보빙사 파견	
• 독일인 선생 묄렌도르프의 추천으로 경성 총해관 견습생으로 실습	1884	• 조러수호통상조약 • 갑신정변	
	1885	• 거문도사건	러시아 남하정책에 대하여 영국이 견제를 위해 불법으로 거문도를 점령한 사건
• 고종의 영어 통역관으로 관직생활 시작	1886	• 조프통상수호조약 • 노비세습제 폐지	
• 구미 6개국 순방 사절단의 통역 서기관으로 수행 • 사절단과 국내 세력과의 대립으로 홍콩에 2년간 체류	1887		
• 궁내부 별군직에 임명 • 고종에게 주택 하사받음	1889	• 함경도, 황해도 방곡령 사건	일본으로의 방대한 곡물 유출을 막기 위한 지방 정부의 조치에서 발달된 일본과의 외교문제
• 칠곡부사로 부임	1893		
	1894	• 동학농민운동 • 청일전쟁 • 갑오개혁	
• 토목국장으로 임명 • 서울 정비 사업에 참여하여 탑골공원 창건 • 홍화학교(민영환 설립)에서 영문법, 동국사(우리 역사)를 가르침	1895	• 시모노세키조약 • 을미사변(명성황후 시해사건) • 을미의병	시모노세키조약: 청일전쟁 처리를 위하여 이루어진 중국과 일본의 조약, 이 조약을 통해 일본은 조선과 중국을 분리시켜 한반도에 대한 진출 기반을 마련하였다. 을미의병: 을미사변과 단발령에 대하여 유생들이 일으킨 항일의 병
• 서재필 등과 함께 독립협회 운동 전개 • 〈독립신문〉 영문판 편집장으로 활동, 독립협회 설립	1896	• 아관파천 • 독립협회 창건(1896-1898) • 〈독립신문〉 발행(국문,영문)	아관파천: 명성황후 시해 등 일본에 대하여 신변 위협을 느낀 고종이 러시아 공관으로 피신하여 1년간 머물렀던 사건

독닙신문

남궁억 생애	연도	역사적 사건	설명

	1897	• 광무개혁, 대한제국 선포	
• 〈황성신문〉 창간	1898	• 만민공동회, 독립협회 해산	
• 〈황성신문〉에 러시아와 일본의 한국분할설에 관련된 글을 외국 신문에서 옮겨 실어 폭로. 경무청에 구금.	1900		
• 〈황성신문〉에 동학농민운동 이후 맺은 일본과 러시아의 협정에 나타난 침략성을 폭로하여 총무 나수연과 함께 구속	1902		
• 총무 나수연, 박영효와 함께 의병을 일으키려 한다는 모함을 받고 구속, 고문 당함. 석방 후 황성신문 사장직 사임	1903		
	1904	• 헌정연구회 설립	친일단체인 일진회와의 투쟁과 민주주의 정치사상을 고취시키며 입헌정치체제 수립을 목적으로 세워진 단체. 1906년 대한자강회, 1907년 대한협회로 이어짐
• 성주목사 부임 • 경상도 관찰사 이근택 무리와 대립	1905	• 가쓰라 · 테프트밀약	미국은 필리핀, 일본은 한국 지배권을 상호 승인한 밀약
		• 제2차 영일동맹	영국은 인도, 일본은 한국 지배권을 상호 승인한 조약
		• 포츠머스조약	러일전쟁의 종결을 맺고 한국 지배의 우월권을 승인한 조약
		• 을사조약	일본이 강압적으로 체결한 조약으로 한국의 외교권을 박탈하고 보호국화하며 사실상 식민지로 만든 조약
		• 장지연이 〈황성신문〉에 을사조약을 개탄하는 '시일야방성대곡' 기고	
• 양양군수로 부임. 기부금과 문중의 재산 4천 환을 기반으로 사립 현산학교(현 양양초등학교) 설립 • 조림사업을 장려하고 식목사업을 추진	1906		
• 양양군수 사임 • 대한협회 회장으로 취임 • 〈대한협회회보〉에 '사상과 능력의 상수', '사회조화' 등의 글을 기고	1907	• 헤이그 특사 사건	고종이 네덜란드 헤이그에서 열린 만국 평화회의에 이준, 이상설, 이위종에게 친서와 신임장을 전달하여 '을사늑약' 무효함을 주장하려 했으나 일본의 방해로 무산되었다. 외국 언론에 이를 배포하여 알렸으나 큰 성과를 얻지 못하였고 이준은 그 곳에서 자결을 선택하였다.
		• 고종퇴위와 군대해산	헤이그특사 사건의 책임을 물어 일본이 고종을 강제로 퇴위시키고 군대를 해산시킨 사건
		• 정미의병, 국채보상운동, 한일신협약(정미7조약), 신민회 조직	
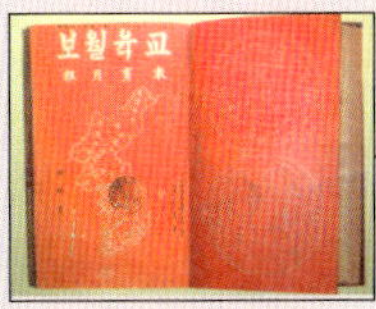			
• 학교에 다니지 못하는 청소년들을 위해 월간 교육지인 〈교육월보〉 발행 • 강원도 출신의 지사들과 함께 관동학회 설립하여 교육사업, 애국운동, 계몽강연, 청년운동에 힘씀	1908		
	1909	• 기유각서(한국의 사법권 박탈) • 안중근의 이토 히로부미 암살 • 간도협약	
• 배화학당에서 교사로 재직 • 11월 종교교회에서 입교세례 받음	1910	• 강제병합조약	한일병합이라고도 하며 국가의 주권을 빼앗겼다고 여겨 경술국치라고도 한다.
		• 일본의 무단통치 시작	

남궁억 생애		역사적 사건
	1911	• 105인 사건과 신민회 해체 • 제1차 조선교육령(일본어 보급을 통해 제국신민으로서 교육시키고자 했던 일본의 교육방침)
• 배화학당에서 교사로 재직하면서 상동청년야학원 원장이 되어 활동	**1912**	
• 《가정교육》, 《신편언문체법》을 만들고 일본의 감시를 피해 한글을 가르치고 손수건에 무궁화 수를 놓도록 함	**1914**	
• 종교교회에서 남감리회 본처 전도사 직임을 받음	**1915**	
• 강원도 홍천 서면 보리울(모곡)로 낙향	**1918**	
• 낙향 후 예배당 지어 예배와 교육활동을 시작	**1919**	• 고종 서거 • 삼일운동 • 상해 대한민국임시정부수립
	1922	• 제2차 조선교육령 공포
모곡학교 확장을 위해 감리교 선교부와 홍천군 유지들의 도움을 받아 100여 평의 새 교사와 기숙사를 완성	**1923**	• 민립대학기성회재조직 • 관동대학살
《동사략》(전4권) 저술	**1924**	• 일본의 경성제국대학 설립(현 서울국립대학교)
모곡학교를 4년제에서 6년제 사립학교로 인가 받음 무궁화 묘포를 경영하여 무궁화 나무 보급운동	**1925**	• 일본의 치안유지법 제정
	1926	• 6.10 만세운동(순종 황제의 출상일 날 일어난 만세운동)
	1927	• 신간회 조직

가정교육

신편언문체법

105인 사건과 신민회 해체: 일제 헌병경찰이 신민회와 평안도 일대의 기독교인들을 체포하기 위해 조작한 '데라우치 총독 모살謀殺 미수 사건. 검거된 600여명 중 105인이 유죄 선고를 받았는데 윤치호, 양기탁, 안태국, 이승훈 등의 인물이 대표적이다. 이 사건으로 신민회가 해체되었다.

삼일운동: 삼일운동을 기점으로 일본은 기존의 헌병에 의한 무단통치에서 문화통치로 전략을 바꾸어 민족교육, 한글교육 금지 등 민족말살정책에 주력하였다.

제2차 조선교육령 공포: 4년제 보통학교에서 6년제로 바꾸었으나 조선어 비중은 더욱 줄었고, 한국 내에서의 일본인 교육을 규정하여 일본 대학 및 사범학교 설립을 위한 기초를 마련하였다.

관동대학살: 일본의 관동 대지진 발행 후 한인들의 폭동설을 조장하여 학살한 사건

신간회 조직: 1920년대에 한국에 들어온 사회주의 사상은 독립세력을 크게 둘로 나누었다. 사회주의 세력들의 계급투쟁 운동은 한때 민족주의적 독립운동과 대립하기도 하였다. 이에 좌우익 세력이 합작하여 만든 항일 애국단체가 신간회이다.

남궁억 생애	연도	역사적 사건
	1928	• 문자보급운동 ← 일본의 문화통치시기에는 한국인의 우민화 정책을 펼쳤다. 그 결과 학교에서는 기초적인 기술교육을 하였고 조선인의 대다수가 문맹인이었다. 이를 막기 위해 조선일보와 동아일보에서는 1929년 7월 14일부터 '아는 것이 힘, 배워야 산다'는 표어를 내걸고 대대적으로 한글 보급 운동을 실시하였으나 1934년에 일본에 의해 중단되었다.
 → • 한국 역사 사화집인 《조선 이야기》(전5권) 저술	1929	
• 국사교육 사업과 비밀 결사 단체인 십자가당 사건으로 구금되어 서울 서대문 감옥에서 옥고	1933	
	1934	• 진단학회 ← 한국의 역사, 문화, 언어와 주변국 이해를 위해 만들어진 민간학술단체
	1937	• 중일전쟁
	1938	• 제3차 조선교육령 ← 대륙침략전쟁을 위한 총동원체제를 만들기 위하여 황민화 정책을 더욱 강화한 일본은 일본인과 한국인의 교육적 차별을 두어 한국인의 동의를 확보하고자 하였다. 제3차 조선교육령은 교육기관의 명칭을 통일하여 내선일체를 이루고자 하였다. • 국가총동원법 제정
 → • 출옥 후 병고에 시달리다가 숙원이던 독립을 보지 못한 채 4월 5일 77세를 일기로 별세	1939	

제1부에서는 남궁억 선생과 관련된 일화를 소개하고 있는데, 이 일화들은 주로 선생의 주위에 있던 사람들의 구술을 듣고 기록한 것으로, 구술자가 남궁억 선생을 다양한 용어로 지칭하고 있는 만큼 본서에서도 그 용어들을 그대로 사용하여 구술자의 의도를 살렸다. 따라서 제1부에서 등장하는 선생, 남궁 선생, 한서 선생 등의 용어는 전부 남궁억 선생을 지칭하는 것이다.

이놈, 벼슬은 네가 준 벼슬이냐?

고종은 백성의 원성이 자자했던 성주지역의 목사牧使(정3품의 지방행정관료)로 선생을 임명했다. 사실 성주에는 일제침략의 앞잡이 역할을 한 일진회의 지부가 있어서 선생의 부임을 조직적으로 방해했다.

선생이 성주목사로 부임하던 해 9월, 선생은 경상 관찰사로 있던 이근택으로부터 세금과 더불어, 인삼 천 근, 금 삼천 냥, 명주 오백 필을 상납하라는 명령을 받았다. 사실 이근택은 일본에 협력한 친일 관료였다. 합법적인 세금 외에 뇌물형태의 추가적인 부담을 요구한 것이다.

이에 선생은 관찰사를 찾아가 강하게 불만을 토로하고 관찰사의 명을 거절했다. 이에 상관인 이 관찰사가 선생을 꾸짖었다.

"상관의 명을 어기고 이유를 대면서 이행을 못하겠다면 벼슬을 벗어두고 가거라."

물론 여기서 물러날 선생이 아니었다. 선생은 정색을 하며 오히려 관찰사를 꾸짖었다.

"이놈, 벼슬은 네가 준 벼슬이냐! 이놈아, 네가 언제부터 그리 세도가 당당했다더냐?"

선생은 조금도 머뭇거림 없이 성주 목사자리를 사임하고 나왔다.

◎ 일진회一進會
1904년 송병준이 독립협회 인물이었던 윤시병, 유학주와 동학당 내 친일 세력이었던 이용구를 중심으로 만든 친일 단체이다. 일본의 재정 지원을 받았으며 1905년 '을사늑약'을 앞두고 일진회 기관지인 〈국민신보國民新報〉에 외교권 위임을 찬성하고 한일합방 청원서를 발표하는 등의 활동을 하였다.

◎ 이근택李根澤(1865-1919)
'을사늑약' 때 군부대신軍部大臣으로 조인한 을사오적 중 한 사람이다. 한일합방 후 일본으로부터 자작子爵의 작위를 받았다.

너희 놈들은 나라도 모르느냐?

1907년 7월 15일 조선의 독립적인 지위를 일본에 넘겨주는 소위 양위조서가 발표되었다. 일본의 강압적인 조치에 반대하는 사람들이 격분하여 일본 경찰을 돌로 쳐죽이고 이완용의 집을 불태우기도 했다. 그 결과로 박영효를 비롯한 민족의 지도자들이 귀양을 가는 등 수난을 당하기도 했다.

남궁 선생이 군수로 있던 양양에도 일본 세력을 등에 업고 못된 짓을 일삼던 사람들이 있었다. 이곳에 퍼져 있던 정토종淨土宗이라는 종교는 일본인을 교주로 삼고 있었다. 그 밑에서 일하던 몇몇 한국인들은 일본인을 믿고 제멋대로 소나무를 베어내고, 낙산사洛山寺를 내 놓으라고 협박하기도 했다.

이들의 비행非行을 들은 남궁 군수는 정토종의 교주와 협잡배들을 포박해서 법정에 세웠다. 그리고 다음과 같이 쏘아 부쳤다.

"아무리 무지막지한 놈들이기로서니 나라를 빼앗은 놈들과 공모해서 같은 동포의 재물을 노략질 하다니! 너희는 백 번 죽어도 죄가 남을 놈들이다. 서울에서 왜놈들이 강제로 황제의 왕위를 내놓으라고 해서 장안이 들끓고 있는데, 너희 놈들은 나라도 모르느냐?"

그리고 일본인들 앞에서 한국인 협잡배들에게 30대씩 태형을 가했다.

◎ 정토종淨土宗
불교의 한 종파로 대승불교에 속하며 신앙심을 갖고 아미타불의 이름을 부르기만 하면 서방 정토에 새로 태어나서 괴로움으로부터 벗어날 수 있다고 믿는다. 일본의 경우 호넨法然에 의해 1175년 독자적인 종파로서 성립된 이래, 호넨의 제자였던 신란親鸞에 의해 정토종 계열 가운데 가장 큰 종파인 정토진종이 성립되기도 했다. 한국에서는 1905년 이후 이보담, 홍월초 등의 승려를 중심으로 한 일본 정토종의 사주를 받은 친일불교 형성의 움직임이 있었다.

하모니카 선수 백발 소년

붓글씨와 음악에 빼어난 자질을 보인 남궁 선생은 아이들과 함께 놀 때면 종종 하모니카를 꺼내 들었다. 그리고 얼굴의 반쯤 덮은 흰 수염을 휘날리면서 아이들의 흥취를 돋우곤 했다. 아이들은 선생의 하모니카 소리에 맞추어 둥실둥실 춤을 추기도 했다.

하모니카 실력에서 보듯이, 선생의 음악과 시조 실력은 수준급이었다. 선생은 청아한 목소리로 다음과 같은 시조들을 즐겨 읊조리곤 했다.

이 몸이 죽고 죽어 일백 번 고쳐 죽어
백골이 진토되어 넋이라도 있고 없고
임 향한 일편단심이야 가실 줄이 있으랴(정몽주)

철령 높은 재에 쉬어 넘는 저 구름아
고신원루孤臣怨淚를 비삼아 띄어다가
임 계신 구중심처九重深處에 뿌려본들 어떠리(이항복)

이 몸이 죽어 가서 무엇이 될꼬 하니
봉래산蓬萊山(금강산) 제일봉에 낙락장송落落長松 되었다가
백설이 만건곤滿乾坤할 제 독야청청獨也靑靑하리라(성삼문)

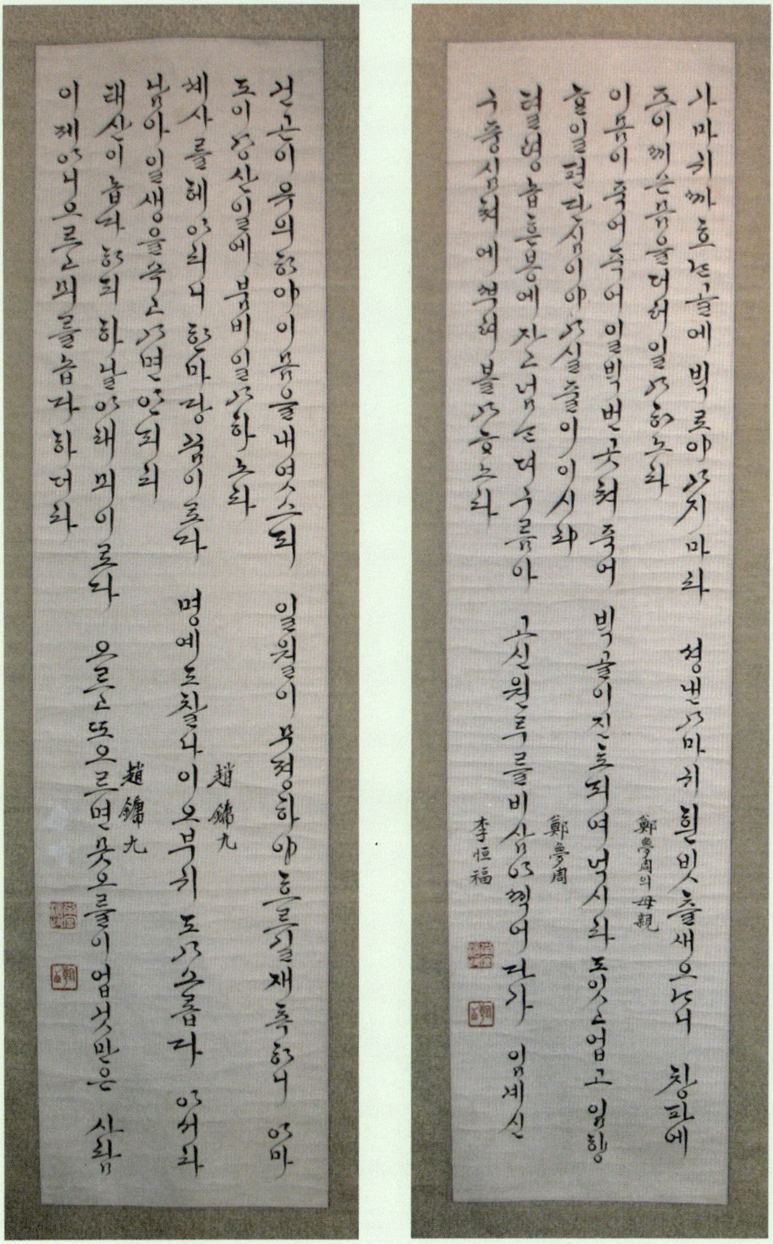

◎ 한서 남궁억 선생의 친필 족자. 한서기념관 소장

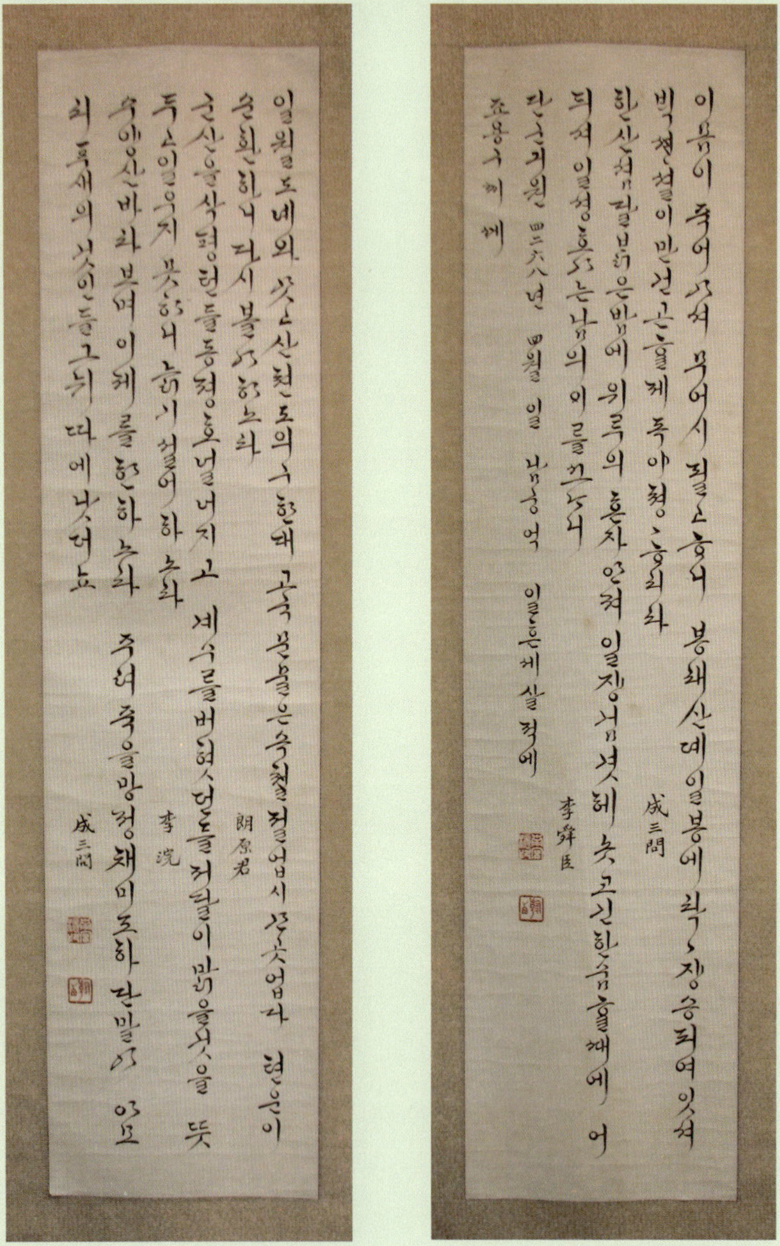

◎ 한서 남궁억 선생의 친필 족자. 한서기념관 소장

삭풍은 나무 끝에 불고 명월은 눈 속에 찬데
만리변성萬里邊城에 일장검 짚고 서서
긴 파람 큰 한 소리에 거칠 것이 없어라(김종서)

한산섬 달 밝은 밤에 수루에 혼자 앉아
큰칼 옆에 차고 깊은 시름 하는 적에
어디서 일성호가一聲胡笳는 남의 애를 끊나니(이순신)

선생이 서울에 올 때면 종종 월남 이상재 선생을 찾고는 했다. 월남은 호탕한 얼굴로 말했다.

"자네는 어쩐 일인지 늘 홍안백발紅顔白髮(늙어서 머리는 세었으나 얼굴은 붉고 윤이 나는 모습)이니 아마 백 살은 살 것 같네."

이에 남궁 선생은 맞장구를 쳤다.

"내가 쌀쌀맞게 하면 누가 내 앞에 오겠습니까? 노는 마당에 나이 들고 나이가 어린 것의 차이가 뭐 있겠습니까?"

◎ 월남月南 이상재李商在(1850-1927)
한말의 정치가, 관료이자 사회운동가로 1896년 서재필, 윤치호 등과 함께 독립협회를 창립하였다. 1903년 개혁당 사건으로 옥고를 치르는 중 감옥에서 54세의 나이로 기독교인이 되었으며 출감 후 YMCA에 가입하여 활동하면서 청년운동에 헌신하였다. 청년 인재를 양성하기 위한 단체 및 교육 기관 설립에 힘썼으며, 1927년에는 민족 단결을 위한 민족단일전선인 신간회의 회장으로 추대되었다. 그러나 1927년 3월 29일 78세의 일기로 별세하였다.

여러분이 바로 걸어야

남궁 선생은 1931년 2월 연희 전문학교의 졸업식에서 고사告辭(졸업생들에게 권고하는 말)를 하도록 초대 받았다. 졸업장 수여식과 학교장의 훈사訓辭(가르쳐 훈계하는 말)가 끝난 후 고사의 순서가 되었다. 귀빈석에서 그 많은 참석자 중 유일하게 한복을 입은 남궁 선생이 일어났다. 그것도 무명 바지 저고리에 무명 두루마기를 입고 있었다. 남루한 밀집모자에 미투리(삼이나 모시껍질로 만든 신)를 신고 있었지만, 그의 얼굴과 풍채는 자못 사람들을 압도하기에 충분했다. 그는 입을 열었다.

"내가 우리 집에서 여러분을 보려고 놀미재라는 눈 덮인 높은 고개를 넘을 때, 무릎이 묻히는 눈길을 앞서 걸어간 사람의 발자국만 따라서 오다가 개울 길에 들어섰습니다. 그런데 아무리 생각해 보아도 길이 아닌 곳으로 발자국이 났으므로 나는 그 자국을 따라 가지 않았습니다. 대신 내가 잘 아는 산길이기 때문에 원래 길을 찾아서 생 눈을 뚫고 가며, 발자국을 내어 놓아 내 뒤에 오는 사람은 내 자국을 따라서 오도록 한 일이 있습니다."

그는 계속했다.

"교문을 나서는 여러분들이 옮기려는 발길의 방향은 어디입니까? 교육과 문화의 혜택 없이, 목자도 없이 방황하고 있는 어린 양들을 구하려고 내 고장의 농촌으로 달려가지 않으렵니까? 강자를 도와 부질없는 권세에 만족할 것이 아니라 약자를 살려 같이 강하게 되는 것이 우리의 할 일이라고 생각합니다. 여러분에게 간절히 부탁합니다. 내가 산 속의 눈길을 걸을 때 생 눈을 뚫고 원래 길을 찾아 걸은 것처럼 여러분이 바로 걸어야 뒤에 따르는 사람도 바른 길을 걸을 것이니 본래의 갈 길을 갈 수 있는 사람이 되기를 바라는 것입니다."

고등교육을 받은 사람들로서 일제가 내놓은 길에서 벗어나 민족과 동포를 위해 바른 길을 찾으라는 권면이었다.

나만 잡아가면 그만 아니요?

일제의 신사참배 문제는 한국민족에게 큰 시련을 더해 주었다. 그러나 이는 동시에 민족의 변절자와 애국지사를 가릴 수 있는 기회가 되었다.

신사참배와 함께 일본의 4대 국경일(신년절新年節, 기원절紀元節, 천장절天長節, 명치절明治節)에는 일장기를 달도록 강요했다. 일본은 각 면에 주재소를 하나씩 설치해 신사참배와 일장기 게양을 감시했다. 그런데 남궁억 선생이 있는 홍천군 서면에는 학교에서 1킬로미터 떨어진 곳에 주재소를 하나 더 두었다.

그러나 모곡학교에서 신사참배나 일장기를 다는 일은 결코 일어나지 않았다. 이때 우치다라는 일본 사람이 나타나 남궁억에게 이 문제를 따졌다. 그러자 통역을 맡은 조용구를 통해 그는 한마디로 대답했다.

"이러니 저러니 긴말 할 필요 없습니다. 일본제국의 법률이 있고 사법권을 가진 당신이 이 자리에서 나 한 사람 잡아가면 그만 아니요?"

우치다는 백발이 성성한 선생의 당당한 답변에 어쩔 줄 모르고 돌아갔다.

우울할 때면 무궁화 묘포로

일제시대 우리민족은 무궁화를 무궁화라 부르지 못하고 근화槿花라고 불렀다. 이런 상황에서 선생은 한반도에서 오직 한 곳, 보리울(모곡牟谷)에서만 볼 수 있는 무궁화 묘포를 운영했다. 사업을 잘 운영해 돈을 버는 것이 목적이 아니었다. 일본에게는 학교 경비보충을 구실로 둘러댔지만 민족혼을 불러일으키는 것이 주된 목적이었다.

선생은 실업시간에 학생들이 김을 매고 거름을 주도록 했다. 그러면서 무궁화에 대한 이해와 애착심을 갖게 했다. 선생 자신도 마음이 우울할 때면 묘포에 나가 삼천만 민족을 북돋우는 심정으로 잡초를 뽑고 거름을 주었다. 마치 미국 남가주에서 안창호가 오렌지 나무 열매를 따는 심정이었다.

일본은 종종 무궁화 묘목을 팔지 못하게 방해했다. 그럴 때면 어린 무궁화 묘목을 뽕나무 묘목에 섞어 전국에 배포했다. 일본에 대한 또

◎ 도산島山 안창호安昌浩(1878-1938)
독립운동가. 평안도에서 출생하여 1894년 청일전쟁을 겪은 후 상경하여 구세학당救世學堂에 들어가 기독교인이 되었다. 1897년 독립협회 가입, 1899년 점진학교漸進學校설립을 하였으며 1902년에는 미국으로 건너간 뒤 미국, 중국, 러시아, 한국을 오가며 자주독립을 위한 국민운동을 전개하였다. 처음 미국으로 건너갔을 때 안창호는 샌프란시스코에서 한인 노동자들의 교육 및 생활 개선에 힘쓰며 그 일환으로 공립협회公立協會(한인공동협회)를 설립하였다. 그는 오렌지 농장에서 노동자로 일할 때에도 '오렌지 하나하나 정성껏 따는 것도 애국하는 것이다'라고 말하며 매 순간 한국인으로 살아가는 이민자들에게 한국인의 위상을 높이도록 고취시킨 일화가 있다.

다른 저항운동이요, 독립운동이었다. 일본의 국화인 사쿠라와의 민족적 투쟁이었다.

개가 웃을 일이다

같은 민족이면서 일본의 앞잡이가 되어 민족의 지도자들을 억압하던 사람들이 많았다. 선생을 몰래 탐문하고 잡아 심문하던 신현규도 그 중 한 명이었다. 신현규의 심문에도 선생이 조금도 흐트러지거나 비굴해 보이지 않자 도미다 서장이 선생을 따로 모셨다. 과자와 차를 대접하면서 선생의 뜻을 꺾어 보고자 했지만 통하지 않았다. 이때 신현규와 도미다, 선생이 나눈 심문 내용은 많은 사람들의 입에 회자되었다.

"조선을 독립시켜 주면 당신들이 능히 유지할 수 있다고 보는가?"

신현규의 질문에 서슬 퍼런 선생의 꾸지람 섞인 대답이 이어졌다.

"5천년의 역사와 문화가 있는 민족임을 그대가 알진대 어찌 무능한 민족으로 보는가."

"독립이 곧 될 것이라고 확신하는 것 같은데 어떻게 아는가?"

"일본은 지나치게 자신감을 갖고 있으며 여러 열강 국가들을 멸시하기 때문이다. 일본은 너무 악해서 머지 않아 하나님의 심판이 분명히 임할 것이다."

옆에서 보고 있단 도미다가 끼어 들었다.

"나는 선생을 잘 이해하고 있소. 그러나 대세는 이미 기울었소. 대부분의 조선인도 일본을 따라야 한다는 것을 이해하고 있소. 선생도 이제 생각을 바꾸어야 하지 않겠소?"

더 이상 말이 통하지 않는다는 듯이 눈을 지그시 감은 선생이 비장하게 말했다.

"내 나이가 칠십이오. 다 산 몸인데 생각을 바꾼다면 개가 웃을 일이오. 어서, 법대로 하시오."

손끝이 갈라지고 터지며 뽑아낸 무궁화

모곡학교는 시골에 위치해 있었지만, 무궁화를 전국적으로 배포하는 정신적인 중심지였다. 모곡교회와 모곡학교를 통해 전국의 학교, 교회, 단체에 배포된 무궁화는 30만 주가 넘었다. 대부분의 묘목이 홍천의 우체부를 통해 자전거로 전국에 보급되었다.

南宮校長入監後
牟谷學校經營難
公普校로變更運動
群山米價暴騰
細民層生活威脅

◎ 〈동아일보〉 1934년 5월 3일 기사
남궁억이 무궁화 사건으로 입감된 후 당국에서 모곡학교와 인근 산야에 있는 무궁화 7만 주를 없애도록 한 것에 대한 기사.

무궁화 보급운동은 단순히 농촌 계몽운동이 아니었다. 5천년 민족역사에 가장 암울했던 시절에 일제의 유혹과 협박에 조금도 비굴함 없이 맞설 수 있는 정신과 혼과 얼을 제공해 주는 운동이었다.

그런데 1933년 12월 1일 사립모곡학교가 폐교되었다. 동시에 일제는 이 학교 건물과 무궁화 단지를 잔혹하게 짓밟아 버렸다. 이곳에 심겨있던 7만여 주의 무궁화 묘목은 강제 동원된 학생들에 의해 뽑히고 불살라졌다.

학생들은 손끝이 갈라져 피가 나고 손톱은 다 닳아질 정도로 강제 작업에 동원되었다. 그렇지만 더 가슴 아픈 것은 그들의 마음 역시 피와 눈물로 점철되었다는 사실이다. 이 모습을 보고 느꼈을 선생의 마음은 논하지 않더라도 말이다.

십전짜리 밀짚모자

한국을 점령한 일본은 자기들이 만든 각종 생활용품을 한국에 들여보냈다. 신발에서 라디오와 자동차에 이르기까지 편리하고 실용적인 물품들이 물밀듯이 쏟아져 들어왔다. 적지 않은 지도자들과 국민들이 개화사상을 강조하며 이러한 외제 물건들을 선호했다.

선생 역시 개화사상을 강조했고, 선생 자신도 일본의 신상품이 편리하고 유용하다는 것을 잘 알고 있었다.

그러나 선생은 감옥에 들어가서도 일본인이 만든 수의를 거부했다. 딸 자경이 한복을 넣어줄 때까지 알몸으로 있었다. 선생은 무명옷과 베옷에 짚신을 신고 생활했다. 먼 거리를 갈 때도 고무신을 신었고, 일본사람이 만든 버스나 택시는 절대 타지 않았다.

하루는 제자 한 사람이 선생의 밀짚 모자가 너무 해어지고 더러워 새로운 모자를 선물해 드렸다. 선생은 모자란 햇볕을 가리면 되었지 해어진 것이 무슨 문제가 되겠느냐고 하시면서 돌려 보냈다. 사실 선생은 십전짜리 밀짚모자를 깁고 또 기워가면서 이미 10년을 넘게 쓰고 있었다. 선생은 낮은 목소리로 한마디 더했다.

"우리 손으로 만들면 그때나……"

실천수양 13년

국가적으로도 개인적으로도 매우 어려웠던 시절, 진정한 싸움의 적은 자신이었다. 선생은 돌아가시기 3년 전까지만 해도 아침마다 손수 우물물을 길어 세수하고 냉수마찰을 했다. 그리고 뒷동산 유리봉에 올라 풀숲에 엎드려 민족의 독립을 위해 하나님께 기도했다.

그리고 다시 마을로 내려온 선생은 동네를 한 바퀴 돌면서 청년들을 깨워 풀을 베고 벌레를 잡게 했다. 자신은 헌 짚신들을 한데 묶어 오줌에 담근 후 무궁화 동산에 밑거름으로 사용했다.

선생은 아무리 추워도 목도리나 장갑을 사용하지 않았다. 평생 인력거도 타지 않은 것은 물론이다. 이웃에 김을 매러 갈 때도 자기 점심은 꼭 챙겨 가지고 갔다. 노령의 나이에도 지게를 지고 직접 나무와 돌을 날랐다. 그리고 길을 가다가도 유리조각이나 위험한 돌 조각들이 떨어져 있으면 꼭 치워놓고 다녔다.

1933년 11월 일본 경찰에 체포되어 서대문 감옥에 갇힐 때까지 13년을 시골 모곡에서 그렇게 사셨다. 그렇지만 늘 청년들에게 이렇게 말했다.

"그렇다고 자네들은 낙심하지 말게나. 나는 못 보아도 자네들은 독립을 꼭 볼 것일세."

독립의 일꾼이 되자

선생은 자신이 살아있는 동안 독립을 보지 못할지도 모른다고 생각했다. 그래서 대신 후배들과 제자들에게 강하게 도전했다.

"너희는 독립을 반드시 볼 것이니 독립 후의 일을 위해 준비해라!"

"독립의 일꾼이 되자."

우리가 준비를 철저히 하지 않으면 독립이 오늘 이루어진다고 해서 모든 문제가 해결되지 않는다고 생각했다. 선생은 말로만 독립을 염원하지 않았다. 사태가 도저히 감당할 수 없을 정도가 되었다고 해서 윤치호나 최남선처럼 자신의 의지를 굽혀 일본에 협력하지도 않았다. 선생은 온 몸으로 나라의 독립을 위해 사셨다. 특히 산골 모곡의 민초들과 함께 '우리의 얼'을 찾기 위해 노력했다.

나라의 독립을 위해서라면 모든 것을 바칠 준비가 되어 있었다. 그래서 배재학당을 나온 하나 뿐인 아들을 새로운 문물을 배워 독립에 이바지하라고 미국으로 보냈다. 큰 딸 숙경은 남편과 사별한 후 선생의 가장 듬직한 동지가 되었다.

과목나무 밑에 묻어 거름이나 되게 하라!

일제의 침략이 깊어질수록 선생의 기도 횟수와 간절함은 더해만 갔다. 유리봉 봉우리에 올라 전국으로 뻗어간 무궁화 동산을 바라다보면서 잠시나마 한반도를 품에 안고 민족의 독립을 위해 기도했다.

선생이 늘 기도하던 유리봉 정상에는 제자들이 세운 작은 비문이 자리하고 있다. 거기에는 "설악산 돌을 날라……"로 시작하는 독립의 노래와 선생이 유언으로 남긴 다음과 같은 글이 기록되어 있다.

"내가 죽거든 무덤을 만들지 말고 과목나무 밑에 묻어 거름이나 되게 하라."

나라도 없는 상황에서 자신이 죽을 경우 무덤을 만드는 것조차 과분하게 여겼다. 그래서 무궁화 나무의 밑거름이나 되었으면 하고 바랬던 것이다.

부인이 조금 먼저 죽었을 때도 주변사람들의 강한 만류도 뒤로한 채 행려병자를 모시듯 상여도 없이 관으로 옮겨 공동묘지에 모셨다. 차마 긴 세월 자신을 위해 고생한 아내를 거름으로 쓸 수는 없었던 것이다.

탄암灘巖 조용구趙鏞九(1907-2008)
교육자. 한서 남궁억의 제자로 평생 교육계몽 운동에 헌신하였다. '자네 나하고 시골에서 같이 일하세. 길어도 30년이면 이 나라가 독립이 되니 지금부터 그 때의 일을 준비하게'라고 하였던 선생 남궁억의 뜻을 따라 배명학원을 설립하고 한서 남궁억 선생의 자료를 모으고 제공하는 등 스승의 뜻을 알리고 계승한 대표적인 제자이다.

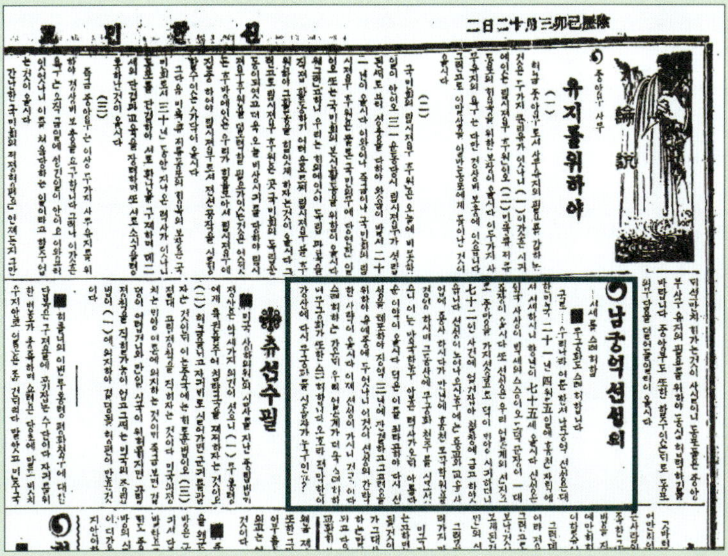

유지들위하야

남궁억선생의

츄션수필

◎ 〈신한민보〉 1939년 5월 11일자

남궁억 선생의 서세逝世를 슬퍼함 - 무궁화도 슬퍼합니다

우리나라 어른 한서 남궁억 선생은 대한민국 21년 4월 5일에 홍천 자택에서 서세하시니 향년이 74세올시다. 선생은 애국사상이 백세의 스승이요, 또 우리 언론계의 선진으로 중망重望(두터운 덕망)을 가지셨음으로 적이 매양 시기하더니 72인 사건에 얽어 잡아 철창에 금고하였습니다. 선생이 놓여 나오신 후에는 종교와 교육 사업에 종사하시다가 만년에 홍천 모곡학원을 경영하시며 그 동산에 무궁화 천 주를 심으셨으니 이는 망국 한 후 아픈 역사 가운데 아름다운 이야기올시다. 적敵은 이를 죄라고 하여 다시 선생을 체포하여 징역 3년에 판결하고 그 고령을 위하여 유예 중에 두었으니 이것이 선생의 간략한 사략이올시다. 이제 선생이 가시니 거국이 다 슬퍼하는 가운데 우리 언론계가 더욱 슬퍼하며 무궁화가 또한 슬퍼합니다. 오호라! 적막한 이 강산에 다시 무궁화를 심을 자가 누구인가?

제2부

노래 속에 깃든 사상

남궁억과 무궁화

남궁억은 55세의 나이에 보리울로 낙향하였다.

"외진 산골이지만 산을 등지고 강을 끼고 있고 자못 살만한 곳이어서 제 삶을 이 곳에서 다하고자 할 뿐입니다."

장지연張志淵에게 보낸 편지에서처럼 그는 자신의 남은 생을 보리울에서 교육과 무궁화 운동에 바쳤다. 30만 주의 무궁화 묘목을 심어 전국에 배포하였다. 무궁화가 민족 사상을 주입한다는 이유로 일본에 의해 방해 받게 되자 뽕나무 묘목에 섞어서 배포하였다. 이 외에도 무궁화 지도를 담은 자수본刺繡本(자수 놓을 모양을 종이나 헝겊에 그려 놓은 도안)을 보급하고 무궁화와 관련된 여러 노랫말을 지어 전국에 보급하였다.

무궁화를 통해 일본의 지배에 저항하고 한국민족의 정신을 깨우치기 위한 것이었다. 일본은 이를 막기 위해 갖은 부정적 소문을 지어냈다. '무궁화 꽃을 보기만 해도 눈에 핏발이 서 죽는다', '몸에 닿기만 해도 부스럼이 생긴다', '진딧물이 무성한 지저분한 꽃이다' 등 일본은 무궁화의 가치를 절하시키고자 하였으며 동시에 일본의 국화인 벚꽃(사쿠라)을 보급하였다. 또한 남궁억이 십자가당 사건에 연루되어 체포되자 일본은 보리울에 있던 7만 주의 무궁화를 불태우고 뽑았다.

무궁화는 화려하지 않고 가지와 잎 또한 빽빽하여 운치있지 못한 꽃이다. 하지만 아침 이슬을 받아 피었다가 저녁에 죽어버리면 그 자리에 다른 꽃송이가 또 피고 죽고 하여 끊임없이 그 꽃송이 피우기를 멈추지 않는 꽃이다. 끈기와 꾸준함, 기개와 그 소담함이 무궁화의 아름다움이다. 생명력 또한 강하여 씨를 뿌리거나 꺾꽂이를 하거나 뿌리를 옮겨 심기만 하여도 잘 자라난다. 보통 7월부터 10월까지 100여 일 동안 끊임없이 꽃을 피우는데 일 년 동안 한 그루의 나무에서 2-3천 송이의 꽃을 피운다고 한다.

동양의 유명한 지리서인 《산해경山海經》에는 군자국君子國(우리나라를 가리킴)에 무궁화가 많다고 기록되어 있다. 오랜 세월 우리 민족과 같이 해 온 무궁화가 20세기 초 일본의 지배 속에서 우리나라를 대표하는 꽃으로 자리하게 되었다. 어떠한 환경에서도 자라나는 강인함과 끈기가 민족 얼을 대신해 주고 있는 것이었으며 남궁억의 무궁화 보급 운동은 이러한 정신을 잊지 않고 살리는 운동이었던 것이다.

무궁화

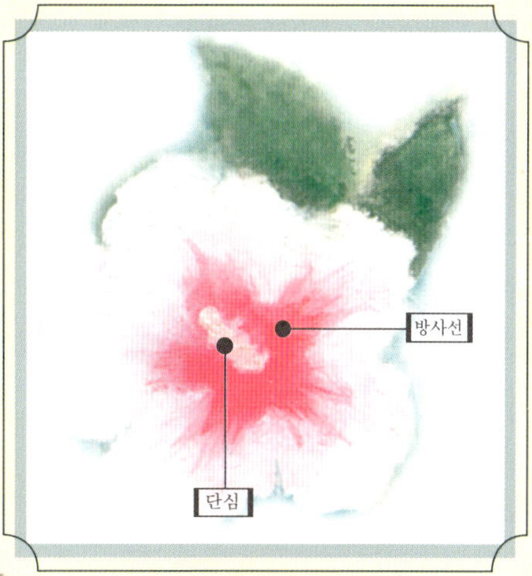

무궁화無窮花는 '피고 또 피어 영원히 지지 않는 꽃' 또는 '영원 무궁토록 빛나 겨레의 환한 등불이 될 꽃'이란 의미를 담고 있다. '무궁화'란 명칭은 목근木槿이란 한자음이 변한 순우리말이다. 국제적으로 통용되는 무궁화의 학명은 '히비스커스Hibiscus'인데, 이 그리스어 말에는 '아름다운 여신을 닮았다'는 뜻이 담겨 있다. 영어로는 'Rose of Sharon'인데, '성스럽고 선택 받은 곳에서 피어나는 아름다운 꽃'으로 해석할 수 있다.

잎의 종류에 따라 배달계, 단심계, 아사달계 등으로 나뉘며 단심은 정신, 지조, 절개를 의미하고 방사선은 단심선이 불꽃 모양으로 꽃잎 따라 퍼져 나간다고 해서 발전과 번영을 상징한다.

◎ 13도 무궁화 자수

남궁억이 고안한 13도 무궁화 자수로 전국에 이 수본이 보급되었었다. 한반도에 우리나라의 13도道를 상징하는 무궁화 13송이와 백두대간을 상징하는 무궁화 가지를 수놓은 것이다. 독도와 제주도는 무궁화 꽃잎으로 수놓아져 있다.

설악산 시조 (독립의 노래)

설악산雪嶽山 돌을 날라
　　독립기초 다져놓고
청초호青草湖 자유수自由水를
　　영嶺 너머로 실어 넘겨
민주의 자유 강산을
　　이뤄 놓고 보리라

◎ 유리봉

이 시조는 1906년 1월 양양군수의 부임을 축하하는 자리에서 불렀던 노래이다. 설악산 신흥사에서 열렸던 신임군수 환영식에서 남궁억은 자신의 가야금 연주에 맞추어 즉석에서 이 시조를 읊었다. 선생은 설악산의 바위들과 속초의 청초호를 바라보며 시대와 민족에 대한 심정을 담아냈다.

그가 세우고자 한 독립의 기초와 자유의 물결이 무엇이었는지는 양양에서의 그의 활동을 통해 구체적으로 알 수 있는데, 곧 현산학교峴山學校의 설립을 통한 신교육의 보급, 조림造林사업을 통한 지방 재정 및 자원의 확충 등이 그것이었다. 암울한 민족 현실의 돌파구를 만들기 위한 선생의 노력과 의지, 그리고 '민주'의 개념과 자유 강산에 대한 염원이 이 짧은 시조 안에 모두 담겨져 있다.

시절 잃은 나비

일락日落은 서산에 황혼이 되고
바다와 온 우주는 캄캄하는데
옥토를 떠나서 어데를 향해
정처없이 어데를 향해 가느냐
애닯다 이천만의 고려 민족아
너희 살길 바이 없어 떠나 가느냐

젖과 꿀이 흐르는 기름진 땅을
누구를 주고 자꾸만 떠나가느냐
정든 산천 고국을 등에다 지고
애달픈 눈물 방울만 연連해 뿌리며
두만강 푸른 물결 건너서 가는
백의의 단군민족 내 말 들어라

무궁화의 화려한 금수강산은
우리들의 소유인 줄 너도 알건만
의식주의 핍박을 바이 못잊어
주린 배 움켜 쥐고서 떠나 가느냐
너희의 정경이야 차마 가긍하다
그러나 낙심 말아라 고려 민족아

이 시는 일본에게 땅과 집을 빼앗기고 그 횡포를 이기지 못해 집과 고향을 떠날 수밖에 없는 사람들에 대한 애달픈 심정을 노래한 것이다. 일본은 조선에 거주하는 일본인에게는 간단한 신용보증 만으로도 쉽게 대출을 해주었지만, 조선인에게는 구체적인 담보물을 요구하는 등 심한 차별대우를 했다. 그 결과 수많은 조선의 땅이 일본인의 소유가 되었고, 조선인들은 삶의 터전을 잃게 되었다.

이로써 조선 사람들은 옥토인 젖과 꿀이 흐르는 기름진 땅을 뒤에 두고 북만주와 북간도 등지로 떠나게 되었다. 일반인 뿐만 아니라 민족 지도자들도 상해와 미국 등 타지로 옮겨갔다. 그러나 남궁억은 이 땅에 남아 민족의 얼과 혼을 일깨우고자 했다. 낮에는 학교에서, 저녁에는 사랑방에서 많은 사람들을 일깨웠다. 특히 '고려민족'과 '단군민족'이라는 표현은 조선민족이 오랫동안 간직해 온 기개를 잘 보여주고 있다. 보리울을 넘어 전국에서 사랑받았던 이 곡은 1937년 일본에 의해 금지되었다.

삼천리 반도 금수강산

삼천리 반도 금수강산 하나님 주신 동산
이 동산에 할일 많아 사방에 일꾼을 부르네
곧 금일에 일 가려고 누구가 대답을 할까
일하러 가세 일 하러가 삼천리 강산 위해
하나님 명령 받았으니 반도 강산에 일하러 가세

삼천리 반도 금수강산 하나님 주신 동산
봄 돌아와 밭 갈 때니 사방에 일꾼을 부르네
곧 금일에 일 가려고 누구가 대답을 할까
일하러 가세 일 하러가 삼천리 강산 위해
하나님 명령 받았으니 반도 강산에 일하러 가세

삼천리 반도 금수강산 하나님 주신 동산
곡식 익어 거둘 때니 사방에 일꾼을 부르네
곧 이날에 일 가려고 누구가 대답을 할까
일하러 가세 일 하러가 삼천리 강산 위해
하나님 명령 받았으니 반도 강산에 일하러 가세

◎ 1931년 본 〈신정 찬송가〉 219장에 수록된 '삼천리 반도 금수강산'

남궁억은 1922년 어느 날 마태복음 9장 37절을 읽다가 무릎을 꿇고 기도했다. "주여 이 나이 환갑이 넘은 기물棄物(쓸데없어 버릴 물건)이오나, 이 민족을 위해 바치오니 받으시고 젊어서 가졌던 애국심을 아무리 혹독한 왜정倭政(일제 강점기 하의 정치) 아래일지라도 변절하지 않고 육으로 영으로 감당할 수 있도록 힘을 주시옵소서." 그리고 그 날 밤 붓을 들어 작곡한 곡이 바로 이 곡이다. 예수께서 유대인들이 목자 없이 방황함을 보고 "추수할 것은 많으나 일꾼이 적다"고 한탄하신 것처럼, 남궁 선생은 할 일 많은 조선반도에 일꾼이 없음을 한탄하였다.

이 곡은 삽시간에 전국에 퍼지게 되었고 1928년에는 찬송가에 편입되어 교회에서 가장 잘 알려진 노래가 되었다. '일하러 가세' 라는 제목으로도 불려졌던 이 노래는 1937년 일제에 의해 금지곡으로 지정되었지만, 이미 찬송가에 포함되었기 때문에 신자들이 부르는 것을 쉽사리 막을 수는 없었다.

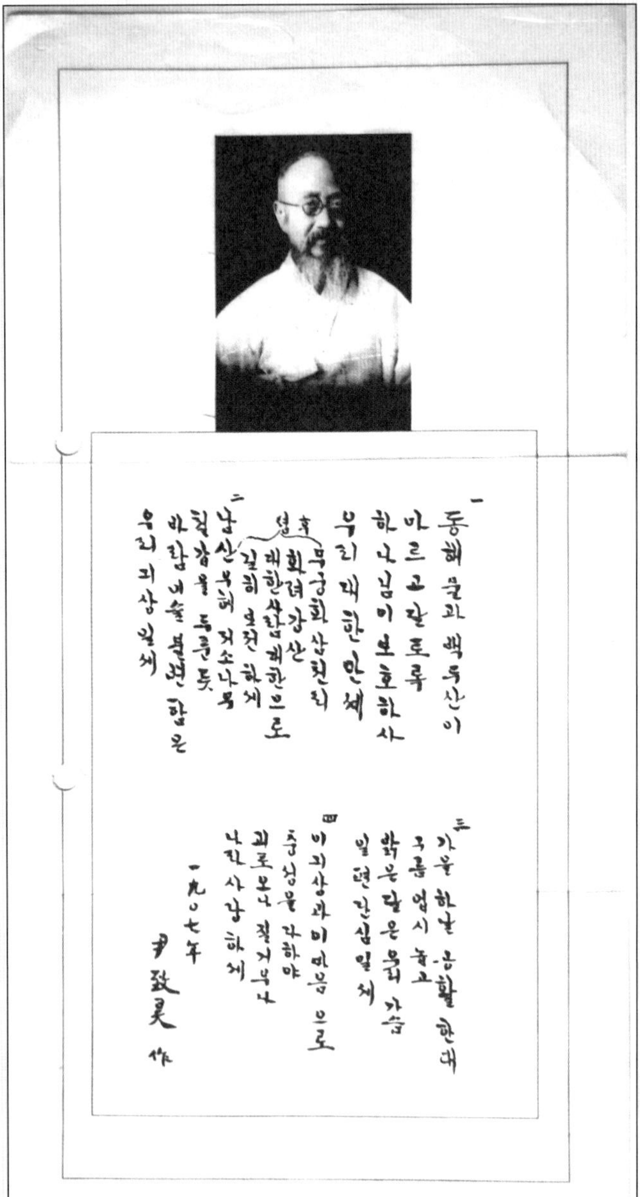

◎ 윤치호와 애국가

남궁억과 윤치호, 그리고 애국가

『(상략) ... 아마 지금부터 이십 오륙년 전 조선에도 개화풍이 불게되어 양인의 출입이 빈번하게 되자 그때의 선진이라고 하던 윤치호尹致昊씨 등의 발의로 '우리 대한에도 국가國歌가 있어야 된다'고 주장되었다. 한편으로 양악대도 세우고 한편으로 국가도 창작할 때 태어난 '상제가 우리 황상皇上 도우사 해옥海屋(바다의 신선이 산다는 곳) 운雲을 산같이 쌓으소서. 억천만세億千萬歲에 영원무궁하소서'라는 노래에 부속되어 생겼다고 하는 '동해물과 백두산이 마르고 닳도록'이라는 애국가의 후렴인 '무궁화 삼천리 화려강산'이라는 구절 삽입될 때 비로소 근화 즉 무궁화를 '무궁화'라고 쓰기 시작한 듯하다.

〈동아일보〉 1925년 10월 21일 기사

(상략)...무궁화를 국화國花로 삼은 것은 그가 칠곡漆谷 부사로 있을 때 윤치호와 상의 끝에 정한 것이었다. 10전짜리 맥고모자를 쓴 이 보리울 할아버지(한서 남궁억)는 하모니카를 불며 그가 세운 보리울 학교 어린이들 맨 앞에 서서 함께 노래 부르며 무궁화 묘포로 일하러 간다.

'삼천리 반도 금수강산 하나님 주신 동산
삼천리 반도 금수강산 하나님 주신 동산
이 동산에 할 일 많이 사방에 일꾼을 부르네
곧 이날에 일 가려고 그 누가 대답을 할까
일하러 가세 일하러가 삼천리 강산 위해
하나님 명령 받았으니 반도강산에 일하러 가세'

이 유명한 노래를 지어 퍼뜨린 것도 그였다. 무궁화의 개념을 창시하고 또 널리 펴서 확고하게 한 분이 바로 그이며, 애국가의 한 구절을 '무궁화 삼천리 화려강산'으로 수정케 한 것도 바로 그였다.

보리울은 무궁화 정신의 방사핵이고 그 핵심이 남궁억이다. 그는 무궁화와 노래로 희미한 겨레의 명맥을 이어 놓은 최후의 저항선이다. 보리울의 인맥은 이렇게 민족의 혈맥에 통하였음을 본다.

〈조선일보〉 1969년 2월 25일 기사

조선지리가

북편에 백두산과 두만강으로
남편에 제주도 한라산까지
동편에 강원도 울릉도로
서편에 황해도 장산곡長山谷까지
우리 우리 조선에 아름다움을
맹호猛虎로 표시하니 십삼도로다

사천 년 역사로 이어온 배달
거룩한 단군이 비로소시사
삼천리 반도로 우리 집 삼고
이천만 동포로 한집안 이뤄
우리 우리 조선의 광채로움을
문화의 도덕으로 빛내었도다

산 높고 물 맑은 무궁화 동산
아름다운 경개景槪로 장식하였고
기후 좋고 기름지며 교통이 편해
세계에 자랑이 조선반도라
우리 우리 조선의 유명하옴을
경계와 산물로 자랑하노라

우리를 낳고 기른 반도강산아
네 길이 복 받고 무궁하여라
삼각산의 암석이 다 부서지고
양양한 한강물이 다 마르도록
우리 우리 조선의 아름다움을
일월日月로 한가지로 짝하리로다

이 시는 조선의 향토와 국토에 대한 애착심, 자신의 고향과 나라를 사랑하는 남궁억의 애국 사상을 잘 보여주는 노래이다. 1절에서는 호랑이의 모습과 같은 한반도, 2절에서는 유구한 역사와 찬란한 문화, 3절에서는 지리 · 기후적 우수성, 그리고 마지막 4절에서는 이러한 한반도에 대한 애정을 표현하고 있다.

이 곡을 불러가며 한반도의 모습에 호랑이를 그리는 그림노래가 유행하기도 했는데 이 때문에 일본에 의해 금지되었다고 한다. 남궁억은 한반도를 호랑이에 빗대어 13개 도의 맹렬한 기상을 이어받아 역사, 문화, 지리적 우수성을 일깨우며 무궁발전할 것을 노래하고 있다.

◎ 국혼웅비도 國魂雄飛圖

기러기 노래

원산遠山 석양 넘어가고 찬이슬 올 때
구름사이 호젓한 짝을 잃고 멀리가
벽공碧空(짙고 푸른 하늘)에 높이 한 소리 처량
저 포수의 뭇 총대는 너를 둘러 겨낭해

산남산북山南山北 네 집 어디 그 정처 없나
명사십리 강변인가 청초 욱은 호수인가
너 종일 훨훨 애써서 찾되
네 눈 앞에 태산준령 희미한 길 만 리라

곳간 없이 나는 새도 기를 자 뉜가
하늘 위에 한 분 계셔 네 길 인도하신다
너 낙심 말고 목적지 가라
엄동 후는 양춘陽春이요 고생 후는 낙이라

만리 장천長天 먼 지방에 뭇 고난 지나
난일화풍暖日和風 편한 곳에 기쁜 생활 끝없다
여기서 먹고 저기서 자며
여러 동무 같이 앉아 갈대 속에 집 좋다

이 시는 1918년 12월 보리울(모곡)로 낙향할 때의 자신의 울적한 심정을 미국인 포스터S.C. Foster의 곡에 맞추어 노래한 것이다. 1절과 2절에는 민족의 현실과 이전의 모든 것을 내려놓고 시골로 내려온 남궁억 자신의 모습이 그려져 있다. 남궁억은 쓰러져 가는 나라를 구하고자 정치운동, 민중계몽운동, 그리고 사회운동 등을 전개해 왔다. 동시에 배화학당培花學堂과 상동청년학원尙洞靑年學院 등에서 교육을 통해 청년과 민중을 일깨우고자 했다. 그러나 그의 건강은 날로 악화되어 갔고, 남궁억은 시골로 낙향하였다. 이때 그가 느꼈던 민족과 자신에 대한 심정이 어떠했는지 1절과 2절의 가사에서 엿볼 수 있다.

그러나 남궁억은 산중 시골에서 새로운 삶을 경험하게 된다. 마태복음 6장 26절의 말씀처럼 하늘을 헤매는 것 같은 기러기도 하늘 위 한 분의 인도하심을 받는 것처럼, 3절과 4절에서 나타난 선생의 신앙고백은 그의 인생 마지막 단계에서 펼치게 될 놀라운 일들을 이끌어 낸 희망의 메시지였다.

◎ 배화학당培花學堂

1898년 미국의 남감리회 여선교사인 캠벨Josephine Eaton Peel Campbell이 설립한 근대 여학교로 지금의 배화여자중 · 고등학교의 전신이다.

◎ 상동청년학원尙洞靑年學院

상동청년회가 세운 학교로, 학교 교사校舍는 상동 교회 내에 있던 건물을 이용하였다. 초대 교장은 이승만이었고, 최초의 교사敎師로는 성경에 전덕기, 국문에 주시경, 영어에 스크랜턴 대부인과 헐버트H.B. Hulbert 등이 있었다. 남궁억은 1912년에 상동청년학원의 원장을 겸하면서 독립사상의 고취, 애국가사 보급, 한글서체 창안 및 보급 등에 힘썼다.

주일[모곡]학교가

동막산과 강구비 앞뒤 둘렀고
모곡구역 모곡리는 우리 집이라
세상 영화 누릴자는 우리들이며
그 가운데 뜻 부칠 손 주일[모곡]학교라

금동녀야 모여 서라 세 동리에서
하나님의 뜻이 있어 입적한 우리
구주님 은혜를 더욱 감사해
천국낙도 바라보는 십자 동무야

굳거라 너희 믿음 변하지 마라
마음과 뜻을 거룩하게 실행하여서
죽고 살고 화와 복을 상제께 바쳐
천당배를 타고 가자 우리 동무야

주 예수 흘린 피로 죄씻음 받고
영생 소망 그네줄로 기쁨을 삼아
싸워 이겨 저 언덕에 노래 부를 때
퍼지리라 온 세상 하나님 나라

◎ 모곡학교

홍천 보리울(모곡)은 남궁억 인생 후반기의 중심무대였다. 좌절과 미신에 빠져 있던 보리울을 본 그는 기독교 신앙에 근거해 주민들을 밝고 명랑한 생활로 인도하는 동시에 교회를 통해 민족 정신을 고취하고자 했다. 그래서 보리울에 내려온 남궁억은 춘천 주재 선교사에게 전도인을 보내줄 것을 간청하고, 1919년 9월 사재를 들여 대지를 구입하여 10간의 기와집 예배당을 건축했다.

이 때 세워진 교회가 바로 모곡학교의 출발점이 되었다. 지역 주민들의 자녀들을 교육시키고 개화시키기 위해 예배당에서 어린 아이들을 교육하기 시작했다. 한편으로 복음을 전하고, 또 한편으로 민족의 독립정신을 고취시켰다. 교회 학교는 모곡학교가 되었으며 신앙에 기초한 승리는 민족의 해방을 의미하게 되었다. 그래서 다른 어떤 노래보다 깊은 기독교 신앙 고백이 구구절절 흐르고 있음을 느낄 수 있다.

무궁화 예찬시

금수강산 삼천리에
각색 초목 번성하다
춘하추동 우로상설雨露霜雪
성장 성숙 차례로다

초목 중에 각기 자랑
여러 말로 지껄인다
복사 오얏 번화해도
편시춘片時春이 네 아닌가

더군다나 버찌꽃은
산과 들에 번화해도
열흘 안에 다 지고서
열매조차 희소하다

울밑 황국 자랑스리
서리 속에 꽃핀다고
그러하나 열매 있나
뿌리로만 싹이 난다

특별하다 무궁화는
자랑할 말 하도 많다
여름 가을 지나도록
무궁무진 꽃이 핀다

그 씨 번식하는 것이
씨 심어서 될 뿐더러
접붙여도 살 수 있고
꺾꽂이도 성하도다

오늘 조선 삼천리에
이 꽃 희소 탄식 마세
영원번창 우리 꽃은
삼천리에 무궁화다

남궁억은 민족혼을 상징하는 무궁화 묘목을 전국 곳곳에 널리 퍼뜨려 시들어가는 민족의 얼을 되살려 보고자 했다. 그래서 보리울에 내려오자 마자 집 앞 밭에 무궁화 묘목을 심었다. 일본의 삼엄한 경계와 감시가 있었지만, 학교의 경비를 보충한다는 구실로 무궁화 묘목을 해마다 수십만 주씩 길러 각 지방의 기독교 학교와 사회 단체에 팔기도 하고 기증도 했다.

남궁억은 무궁화 묘목을 보내면서 무궁화를 찬양한 예찬시를 같이 보내기도 했다. 전국을 무궁화 동산으로 만들어 무궁화가 지닌 인내력과 불굴의 얼을 기르고자 했다. 보리울의 학생들에게는 실습 시간을 이용해 무궁화 묘목에 김을 매고 거름을 주게 했다. 남궁억 자신도 심경이 울적할 때면 무궁화 묘포로 나가 민족을 북돋는 심정으로 잡초를 뽑고 벌레를 잡으며 거름을 주었다. 그러면서 나라 잃은 한을 달래면서 새로운 꿈을 꾸었던 것이다.

무궁화 동산 (우승가)

우리의 웃음은 따뜻한 봄바람
춘풍을 만나 무궁화 동산
우리의 눈물이 떨어질 때마다
또다시 소생하는 이천만

백화가 만발한 무궁화 동산에
미묘히 노래하는 동무야
백천만 화초가 웃는 것 같이
즐거워하라 우리 이천만

(후렴)
빛나거라 삼천리 무궁화 동산
잘 살거라 이천만의 고려족

◎ 무궁화 사진

남궁억은 1931년 이 노래를 지어 모곡 학생들에게 가르쳤다. 당시 '춘풍春風', 즉 봄바람은 민족의 해방과 희망을 노래하는 구절이었다. 추운 겨울과 같은 상황에 처해 있는 조선 사람들이 흘리는 눈물마저도 이천만 조선민족을 소생하게 했다. 그리고 눈물과 봄바람이 바로 이 무궁화 동산에서 울려 퍼지고 있었다. 바로 조선민족의 사상을 고취시키는 노래였던 것이다.

그런데 천진난만하게 불리던 이 노래가 근처 돌이소 주재소의 경찰의 귀에 들어가게 되었다. 이것이 빌미가 되어 남궁억은 조작된 십자가당 사건에 휘말리게 되었다. 이와 함께 그가 역점을 두었던 역사교육까지 문제시되었다. 그리고 1933년 11월 4일부터 대대적인 검거가 시작되어 남궁억도 홍천 경찰서를 거쳐 서울 서대문 감옥에서 옥고를 치르게 되었다. 그리고 이듬해 7월 1일 석방되었다.

조선의 노래

금수의 강산에서 우리 자라고
무궁화 화원에서 꽃 피려 하는
배달의 어린 동무 노래 부른다
세상의 부러울 것 무엇이냐

동천의 둥근 홍일 그 빛 찬란코
바다의 어별들이 양떼같이
태극기는 창공에 펄펄 날리고
빛나게 잘 살아라 우리의 조선

(후렴)
라리랎다라라 라리라리라 라리랎다라라 라리라리라
라리랎다라라 라리라리라 라리랎다라라 라리라리라

◎ 한서 기념관 옆 복원된 모곡예배당 안에 그려진 그림

이 노래는 청소년의 기상을 길러주기 위해 만들어졌다. 일제의 억압 하에서 어른들은 물론이고 어린 아이들에게 희망을 이야기하는 것은 불가능했다. 그렇지만 어린 아이들에게 좌절과 절망만을 들려줄 수는 없었다. 나라를 빼앗기고 조국은 억압의 현실 속에 있더라도 우리가 사는 나라는 아름다운 강산이고, 무궁화 화원은 불굴의 정신을 살려주는 곳이며, 우리 민족은 오랜 역사를 지켜온 배달민족이라는 것을 아이들에게 가르쳐야만 했던 것이다. 바로 이러한 정신이 조선의 노래요 조선의 정신이었다.

"세상에 부러울 것이 무엇이냐?"는 구절은 이 나라의 흙 냄새조차 못잊어 하는 남궁 선생의 기상을 잘 보여주고 있다. '태극기'라는 단어 하나 마음 놓고 사용하지 못했던 시절에 "태극기는 창공에 펄펄 날리고" 라는 표현은 선생의 강철 같은 뜻과 기품, 기개를 잘 보여주고 있는 구절이다.

조선의 일꾼

피도 조선 뼈도 조선 이 뼈는 살아
조선 죽어 조선 내 것이로다
에야디야 우리는 조선의 자녀
두 팔 뻗고 내닫는 조선의 일꾼

아름다운 우리 조선 삼천리 강산
부딪쳐도 아니 깨질 이천만 무리
에야디야 우리는 조선의 일꾼
기뻐 뛰며 일하는 조선의 일꾼

조선의 꽃

거친 산등성이 골짜기로 봄빛은 우리를 찾아오네
아가는 움트는 조선의 꽃 들옆에 비바람 부딪히고
산위에 나무들 넘어져도 아가는 봉우리 조선의 꽃
오늘은 이 동산 꾸며놓고 내일은 이 땅에 향기퍼진
아가는 피어나는 조선의 꽃 아가는 피어나는 조선의 꽃

용사의 노래

쾌하다 우리 용사여 장하다 우리 용사야
승전고를 울려라 우승기가 날린다
이기기를 위하여는 우리 생명 검불 같다
바치여라 있는 대로 애낄 것이 무어야
할렐루야 할렐루야 번듯번듯 우승깃발
우리 앞에 날린다 만세 불러라
우리 용사야 승전고를 울려라
우리 고함소리 천지가 동한다

우리의 낙원

백두산 높이 솟아 펼쳐놓은 삼천리를
양강에 활개 벌려 장파절이 들렸구나
아마도 한라 높은 산이 아마 긴가 하노라

무궁화 얼크러져 사시장철 봄나라
호미가 가는 곳에 젖과 꿀이 샘솟거라
묻노라 낙원이 어디뇨 나는 옛가 하노라

운동가

잘 참고도 굳세다 철석 같은 맘
눈앞에 무슨 고난 못 이길손가
활발코도 활발토다 우리 기상은
오늘날 청년계에 모범일세

철망으로 꽉 눌러 앞길 장애와
두 다리 질끈 동여 닫지 못하네
땅이라도 후벼 파서 나갈 길 열고
두 동무 마주잡고 빨리 닫세

두 주먹 꽉 쥐고 힘써 다투매
한마당 일등상이 거 뉘 것일까
엎어져도 번쩍 서는 용맹한 네냐
뒤져도 힘 잘쓰는 굳센 나냐

풍진 속에 땀흘려 일장 운동에
잃었던 옛 정신을 다시 분발해
훌륭토다 우리 산천 내 홍 돋우고
일심한 우리 동포 의좋도다

(후렴)

덕지 체육 연단하여 동량지재棟梁之材 이루세
인도정의 목적 삼아 후일 공업 이루세

(후렴 달리 부름)

나가세 나가세 앞만보고 나가세
나가세 나가세 일등상을 얻도록

◎ 동량지재棟梁之材
건물의 마룻대와 들보, 즉 기둥으로 쓰일만한 재목이란 의미로 나라의 큰 일을 맡을 만한 중요한 인재를 뜻한다.

배화학당 교가

저 인왕산 하下 큰 반석 만년 기상 엄연타
그 반석 터가 되어서 이 학교 세웠도다
이곳에 생명 길 있고 이 문에 지식 많다
늘 상제上帝 도움 힘입어 그 전도前途 번창하리

씨 뿌려 열매 거두고 돌을 갈아 옥되네
뭇 청년 힘써 배양해 큰 그릇 이뤄보세
내 한집 먼저 다스려 만 가정 모범되네
은총 중에 큰 은총 그 기업 영원하리

(후렴)
좋도다 배화여학당 그 기업 영원하리
애愛홉다 배화여학당 그 제도 아름답다

◎ 《신편언문체법》

◎ 《가정교육》

◎ 《신편언문체법》내용

◎ 《신편언문체법》

1914년 배화학교 교사 재직 시절 남궁억이 붓글씨 교본으로 펴낸 책이다. 당시에는 한글을 언문諺文이라 하여 식자층에게 천대받고 통용되지 못하였다. 남궁억은 배화학교 교장이었던 스미스Miss Berthu Smith의 도움으로 한글 교본인 《신편언문체법》을 만들었다. 총 28페이지로 구성되어 한글 자음과 모음 연습, 그리고 성경 구절을 담고 있다. 이 책은 정식으로 배화학교 교과목에 들어갔으나 일본에 의해 곧 금지되었다. 후에 교사로 부임한 이만규가 학교 지하실 석탄광에 숨겨져 있던 이 책을 발견하면서 세상에 알려지게 되었다.

남궁억은 8년 간이나 배화학당의 교사로 있으면서 가르쳤다. 이 학교를 설립한 캠벨의 초대에 의한 것이었다. 그는 이 곳에서 영어와 문법, 조선의 역사, 가정교육, 붓글씨와 웅변을 가르쳤다. 그가 쓴 《가정교육》과 《신편언문체법》에는 학생들에 대한 그의 일념이 잘 드러나 있다.

그는 젊은 학생들에게 생명과 지식, 그리고 큰 기상을 가르쳤다. 자기 자신을 갈고 닦아 가정과 민족을 세우기를 소망했다. 이러한 바람 속에 그는 영원한 하늘의 도움을 소망했던 것이다.

독닙신문

제일호

조선 서울 건양 원년 사월 초칠일 금요일

논셜

〈독립신문〉과 독립문

제3부

언론인 남궁억

思想과 能力의 相須

思想이란 者는 事實의 母라. 思想이 有한 然後에 事實이 乃有하나니, 思想이 無하고 事實을 求하면 是는 平地에 一簣를 不覆하고 萬仞을 築하려 함이며, 遙程에 一步를 不進하고 千里를 進하려 함이니, 故로 某事實을 毋論하고 必也 其思想을 先貯할지니라.

然이나 思想이 有하면 事實이 即現하는가. 曰 此는 三尺童子라도 其不可함을 先知할 者라. 故로 思想이 有하고도 又其能力을 待하는 바니, 事實을 求하는 者는 思想이 是요, 事實을 造하는 者는 能力이 是니라.

是以로 往事를 證하건대 美國의 獨立軍과 波蘭의 獨立黨이 同一한 懷抱로되 一成一敗가 相殊하고, 法國의 革命家와 俄國의 革命派가 同一한 目的이로되 一起一蹶이 相懸하고, 埃及과 加拿太가 權利索還할 心事는 同하련만은 其所得이 若此其異하며 伊太利 匈牙利가 彊土 恢復할 願望은 同하련만은 其所就가 若此其異하니,

嗚呼라, 此를 推觀하건대 思想이 無한 者는 能力도 必無하려니와, 思想이 有하다고 能力이 必有라 함은 亦一虛妄한 問題니.

사상思想과 능력能力의 상수相須

사상이라는 것은 사실의 어머니이다. 사상이 있은 뒤에야 사실이 있게 되나니, 사상이 없이 사실을 구하면, 이는 평지에 한 삼태기의 흙을 붓지 않고 만 길의 산을 쌓으려 하는 것이며, 먼 길에 한 걸음도 나아가지 않고 만 리를 나아가려 하는 것이다. 그러므로 어떠한 사실이든지 반드시 그 사상을 먼저 쌓을지니라.

그러나 사상이 있다고 사실이 곧바로 나타나는가? 가로되, 이는 삼척동자라도 그 불가능함을 먼저 알 것이다. 그러므로 사상이 있어도 또 그 능력을 필요로 하는 것이니, 사실을 찾는 자는 사상이 이것이요, 사실을 만드는 자는 능력이 이것이니라.

이 때문에 지난 일을 고증하건대, 미국의 독립군과 폴란드의 독립당이 동일한 회포懷抱(마음속에 품은 생각)로되 성공과 실패가 서로 다르고, 프랑스의 혁명가와 러시아의 혁명파가 동일한 목적이로되 일어섬과 넘어짐이 서로 다르고, 이집트와 캐나다가 권리를 되찾으려는 심사心事는 같으련만 그 소득이 이와 같이 다르며, 이태리와 헝가리가 강토疆土를 회복할 바람은 같으련만 그 성취가 이와 같이 다르다.

오호라, 이를 미루어 보건대, 사상이 없는 자는 능력도 반드시 없으려니와, 사상이 있다고 능력이 반드시 있다고 하는 것 또한 하나의 허망虛妄한 문제이다.

◎ 아홉 길의 높은 산을 쌓는 것은 한 삼태기의 흙을 평지에 붓는 것으로부터 비롯된다는 공자의 말과 천리 길을 가는 것은 반 걸음을 떼는 것부터 시작된다는 순자의 말을 인용한 대목이다. 《論語》〈子罕〉, "譬如爲山, 未成一簣, 止吾止也; 譬如平地, 雖覆一簣, 進吾往也."《荀子》〈勸學〉, "不積蹞步, 無以至千里; 不積小流, 無以成江河."

今我國民이 此時를 遭遇하여 國家의 獨立을 其誰가 不祝하며 人民의 自由를 其誰가 不願하며 同胞의 繁殖을 其誰가 不希望하며 國土의 安全을 其誰가 不謳歌하리오. 文明을 歡迎하는 維新黨만 若此할 뿐 아니라 頑遇를 自甘하는 守舊鬼도 此心이 必有할지며, 時局을 悟解하는 有志者만이 若此할 뿐 아니라 大勢를 全昧하는 下等人도 此心이 必有할지니.

但只 國民思想에 對하여 一評을 下할진댄 我大韓이 其庶幾라 할지나, 未知케라 此大願을 奉副할 能力이 有한가 無한가.

能力만 有하면 腐敗한 習慣을 一朝에 改良하며 卑劣한 政治를 一夕에 革新하여 四千載邦家의 文明花가 爛熳하며 三千里 區域에 自由燈이 照耀하여 一拔手 一擧足에 大飛躍 大進就를 快得하려니와, 萬一 能力이 不足하면 其心만 徒勞하고 其舌만 徒弊하리니 어찌 可懼할 바가 아니며, 어찌 可戒할 바가 아니리요.

이제 우리 국민이 이때를 만나 국가의 독립을 그 누가 빌지 않으며, 인민의 자유를 그 누가 바라지 않으며, 동포의 번식을 그 누가 희망하지 않으며, 국토의 안전을 그 누가 구가하지 않으리오. 문명을 환영하는 유신당維新黨(개화세력)만 이와 같을 뿐 아니라 미련하고 어리석음을 스스로 달게 여기는 수구귀守舊鬼(수구세력)도 이 마음이 반드시 있을 것이며, 시국時局을 깨달아 아는 뜻 있는 자만이 이와 같을 뿐 아니라 대세를 전혀 모르는 하등한 사람도 이 마음이 반드시 있을 것이다.

단지 국민사상에 대하여 평가를 내릴진대 우리 대한이 거의 가깝다 하겠으나, 이 큰 바람을 봉부奉副(받들어 맞이함)할 능력이 있는가 없는가는 아직 모르겠다.

능력만 있으면 부패한 습관을 하루아침에 개량하고 비열한 정치를 하루저녁에 혁신하여 사천 년 국가 문명의 꽃이 활짝 피고 삼천 리 구역에 자유의 등불이 밝게 빛나서 손짓 한 번 발짓 한 번에도 크게 비약飛躍하고 크게 진취進就함을 빠르게 얻으려니와, 만일 능력이 부족하면 그 마음만 헛되이 애쓰고 그 혀만 헛되이 닳을 테니, 어찌 두려워할 만한 바가 아니며, 어찌 경계할 만한 바가 아니겠는가.

噫라, 吾輩 今日에 忘寢廢餐하여 此能力을 養할지며 罄智竭慮하여 此能力을 造할지어다. 然이나 此能力을 養造하려면 又何術을 以하는가, 不過 其思想을 實踐함이 是라. 一商業을 振興할 思想이 有하거던 此를 即實踐하며 一工藝를 創造할 思想이 有하거던 此을 即實踐하고 其他萬般事業에 箇箇 其思想所及대로 即地實踐하야 寸寸 前進하며 步步 勇奮하면 能力이 突現하나니, 英國 水軍提督 鼐利孫이 不云乎아. 我가 初年에 海上에 發跡하여 武藝를 練習할새 自念컨대 身體의 壯健이 他人에 不及하며 心計精密이 他人에 不過하여 功名心은 雖盛하나 才略의 蔑劣을 自顧하매 慊歎이 常多하여 海波에 投身하려 함이 累矣러니, 誠力所到에 恒常 突兀한 靈光이 腦際에 浮現하여 今日에 此願을 乃副라 하였으니, 善哉라 此言이여, 能力 養造하는 不二法門이니 興起哉어다. 天賦能力이 有한 我國民이여.

〈大韓協會會報〉 제2호 (1908년)

아! 우리들은 오늘날 잠자는 것을 잊고 밥 먹는 것도 폐하여 이 능력을 기를 것이며, 지혜를 다하고 생각을 다하여 이 능력을 만들지어다. 그러나 이 능력을 길러주려면 또 어떤 방법을 써야 하는가? 그저 그 사상을 실천함이 이것이라. 하나의 상업商業을 진흥할 사상이 있거든 이를 곧 실천하며, 하나의 공예工藝를 창조할 사상이 있거든 이를 곧 실천하고, 그 밖의 온갖 사업마다 각각 그 사상이 미치는 바대로 즉시 실천하여 한 마디씩 나아가며 한 걸음씩 용기를 떨치면 능력이 불쑥 드러나나니, 영국 수군제독 넬슨Horatio Nelson(1758-1805)이 말하지 않았던가. "내가 초년에 해상海上에 자취를 드러내어 무예를 연습할 때, 스스로 생각컨대 신체의 건장함이 남에게 미치지 못하며 심계心計의 정밀精密함이 다른 사람을 넘을 수 없어서 공명심은 비록 성盛하나 재략才略의 멸렬蔑劣을 스스로 돌아보매 불만스런 한탄이 항상 많아서 바다 물결에 몸을 던지려 함이 여러 번이었는데, 성실한 노력을 기울인 바 항상 우뚝 솟은 신령한 빛이 뇌리에 떠올라서 이에 오늘날 이 바람을 봉부하노라." 하였으니, 좋도다, 이 말이여! 능력을 길러주는 불이법문不二法門이니, 일어날지어다, 천부능력이 있는 우리 국민이여!

〈대한협회회보〉 제2호 (1908)

◎ 불이법문不二法門
본래 중생의 번뇌와 부처의 깨달음이 둘이 아니라는 불교의 가르침으로서 상대적이고 차별적인 현상을 초월하는 절대적이고 평등한 진리를 이르는 말인데, 본문에서는 진리의 가르침을 비유하는 말로 쓰였다.

社會調和

希臘 古哲이 見宇宙之萬象하고 發現調和之理하여 至今數千載에 一般學者가 所資以爲格致之路者也라. 然이나 豈獨在物而有調和之理哉아. 凡一切人事가 莫不皆然이로다. 國粹者는 非一人의 所能完備也며 國風者는 非一人의 所能專有也라. 小大相倚하고 表裏相應然後에 卓然蘊其精而耀其光하여 邪沴不能乘焉하나니, 若但求完全於個人而歎人物之欠乏하면 豈非識見之狹隘者哉아. 要之컨대 老成者는 有老成之智慮者也요, 少壯者는 有少壯之氣槩者也오, 婦女者는 有婦女之淑德者也어늘, 今也에 求智慮於少壯하다가 咎其不如老成也하며 求氣槪於老成하다가 咎其不如少壯也하며 求健壯於婦女하다가 咎其不如男子也하여 責人無已하고 笑罵相高하면 其有所成就乎아.

사회조화社會調和

희랍希臘(그리스)의 옛 철인哲人(철학자)이 우주의 만상萬象을 보고 조화의 이치를 드러내고, 이제까지 수천 년 동안 일반 학자가 그것을 바탕으로 격물치지格物致知(사물의 이치를 연구하여 지식을 이룸)하는 방도로 삼았다. 그러나 어찌 유독 만물의 차원에서만 조화의 이치가 있겠는가? 무릇 모든 사람의 일이 다 그렇지 않음이 없도다. 국수國粹는 한 사람이 완전히 갖출 수 있는 것이 아니며, 국풍國風은 한 사람이 혼자 가질 수 있는 것이 아니다. 작음과 큼이 서로 의지하고 겉과 속이 서로 호응한 뒤에 탁연卓然히 그 정精을 간직하고 그 빛을 빛나게 하여 요사한 기운이 거기에 탈 수 없나니, 만약 다만 개인에게 완전함을 찾으면서 인물의 모자람을 탄식한다면 어찌 식견識見이 좁은 자가 아니겠는가? 요컨대 노성老成은 노련한 어른의 슬기가 있는 것이고, 소장少壯은 씩씩한 젊은이의 기개氣槪가 있는 것이며, 부녀婦女는 부녀의 맑은 덕이 있는 것인데, 이제 소장少壯에서 슬기를 찾다가 그가 노성老成보다 못함을 탓하며, 노성老成에서 기개를 찾다가 그가 소장少壯보다 못함을 탓하며, 부녀婦女에서 건장健壯을 찾다가 그가 남자男子보다 못함을 탓하여 남을 책망하기가 끝없고 비웃음과 욕설이 서로 높아지면 어찌 성취하는 바가 있겠는가?

爛熳橫於前途者는 着金之國土也니 鞭以策之하여 以進其步하며 循以行之하여 以向其軌하면 其必有目的到達之一日乎인저. 夫熱性之所激에는 水火도 尙不避하며 誠意之所到에는 金石도 尙可穿하나니, 天下에 豈復有阻我之進行者乎아. 彼意志之薄弱者는 不知萬衆調和之原理也하고, 曰 某事는 是高尙人之職業也라 하며, 某事는 是卑劣人之職業也라 하며, 某事는 欲爲之하며, 某事는 不欲爲之하고 某事는 可爲之라 하며, 某事는 不可爲之라 하니, 噫라 何其見之誤也오.

社會之人이 悉好沈默하여 無有指摘其偏僻者하면 社會之光彩가 沉矣요, 社會之人이 悉趨激烈하여 無有蘊畜其德性者하면 社會之元氣가 裂矣니 誠念할지어다. 社會之人이 悉向政治하고 無商工等實業하면 其猶可以爲社會乎며, 社會之人이 悉謀實業하고 無宗教哲學等各部하면 其猶可以爲社會乎아.

앞길에 난만爛漫(화려하게 펼쳐짐)하게 가로놓인 것은 금金이 쌓인 국토國土이니, 채찍질하여 그 발걸음을 나아가게 하며 빙빙 돌면서 움직여 그 궤도를 향하면 아마도 필시 목적에 도달하는 것은 하루면 될 것이다. 무릇 열성熱性이 세찬 곳에는 물불도 오히려 피하지 않으며, 정성스런 마음이 닿는 곳에는 금석金石도 오히려 뚫을 수 있나니, 천하에 어찌 우리가 나아가는 것을 또다시 막을 것이 있겠는가? 저 의지가 박약薄弱한 자는 만물이 조화하는 원리를 모르면서 어떤 일은 고상한 사람의 직업이라 하고 어떤 일은 비천한 사람의 직업이라 하며, 어떤 일은 하고 싶고 어떤 일은 하고 싶지 않아서 어떤 일은 할 만하다고 하고 어떤 일은 할 수 없다고 하니, 아! 어찌 그리도 견해가 그릇된 것인가?

사회인들이 모두 침묵을 좋아하여 그 편벽偏僻을 지적하는 자가 없으면 사회가 빛을 잃을 것이요, 사회인들이 모두 격렬함을 추구하여 그 덕성德性을 쌓는 자가 없으면 사회의 원기元氣가 쪼개질 것이니, 삼가 기억할지어다. 사회인들이 모두 정치를 지향하고 상업과 공업 등의 실업實業이 없으면, 어찌 그러고서도 사회가 제대로 이루어지겠는가? 사회인들이 모두 실업을 도모하고 종교와 철학 등의 각각의 분야가 없으면, 어찌 그러고서도 사회가 제대로 이루어지겠는가?

針雖小物이나 有其耳하고 有其尖하니 去其尖하여도 無所用也며, 去其耳하여도 無所用也니 況社會之大를 其可以一人之智로 濟之乎아. 故로 吾輩 今日에 亦當各求一事業之完成이니, 馳心千里而漫不知裁는 其不可也라.

求遠近之見聞하여 立經營之基礎는 先進之職分也오, 豫想前途之險夷하여 以固其立脚之地步는 青年之責任也라. 無苟安하며 無偸閒하고 無尋虛하며 無追影하고 各盡其職하며 各勤其業하면 此所謂百慮而一致요, 殊塗而同歸也니, 以一身觀之라도 固不可廢視而存聽이며 亦不可貴手而賤足이요, 但求百體之從令이 可也라 하노라.

〈大韓協會會報〉 제3호(1908년)

침針은 비록 작은 물건이지만 그 귀부분도 있고 그 끝부분도 있으니, 그 끝부분을 제거해도 쓸모가 없으며, 그 귀부분을 제거해도 쓸모가 없다. 하물며 거대한 사회를 어찌 한 사람의 지혜로 다스릴 수 있겠는가? 그러므로 우리들도 오늘날 한 사업의 완성을 구함이 마땅하니 천 리를 내달리는 마음으로 방종하고 절제할 줄 몰라서는 안 된다.

원근遠近의 견문을 구하여 경영의 기초를 세우는 것은 선진先進의 직분이고, 앞날의 험난함과 평이함을 예상하여 그 입각立脚의 위치를 굳게 하는 것은 청년의 책임이다. 일시적 편안함이 없으며, 한가로움을 틈타지 않고, 헛된 것을 찾지 않으며, 그림자를 좇지 않고, 각각 제 직분을 다하며, 각각 제 직업에 힘쓰면, 이것이 이른바 '생각이 다양해도 결론은 한결같고, 길은 달라도 귀결은 같다'는 것이니, 이 한 몸으로 보더라도 참으로 시각을 폐하면서 청각만 보존할 수는 없고, 손을 귀하게 여기면서 발을 천하게 여길 수도 없으니, 백체百體가 명령을 따르기를 구하는 것은 옳다 하노라.

〈대한협회회보〉 제3호 (1908)

창간호 축사 모음

〈大韓協會會報〉 創刊號 祝辭

現世紀文明之利器는 報館이 其一也라. 然而 其性質이 各殊하고 位地ㅣ 不同하여 有政會報하며 有教育報하며 有學會報하며 有農會報하며 有工會報하며 有商會報하여 有一事則必有一報하며 有一會則必有一報하나니 勿論 其刊期之遲速하고 均之爲著明團會之旨義하며 開導公衆之智識하여 以增進社會之福利者也니 實文明之機關이오 競爭之鈐鍵也라. 我大韓協會는 發表以七大綱領하여 廣布全國則有志愛國之士ㅣ 固應有契乎其旨義之所在矣여니와, 盖其綱領이 非空言可述이요 亦非空理可究라. 必要奮發熱誠에 協贊同力하여 以從事乎實地之講究와 智識之交換 然後에 庶有以達其旨義之所的일새, 此ㅣ 會報之所以發刊者也니, 本報는 即本會之鼓橐也요 樞管也라. 如尋求本會之精神者는 宜求諸本報之中이 可也니 若因此而教育이 普及하며 産業이 開發하고 實行勤勉之貯蓄하며 保護生命與財産하여 鼓吹我固有之權利義務的思想이면 官民之弊習과 行政之制度도 次第 有矯正改善之日矣리니 豈非我大韓之幸福乎아.

願此大韓會報之紙ㅣ 如雨雪紛紛하여 充滿全國之書案하며, 如春雷轟轟하여 震盪同胞之夢界하고 以永大韓萬歲之前途也夫인저.

〈大韓協會會報〉 제1호(1908년)

〈대한협회회보〉 창간호 축사

현세기 문명의 이기利器는 보관報館(신문사)이 그 하나라. 그러나 그 성질이 각각 다르고 지위가 달라서 정회보政會報가 있고, 교육보教育報가 있으며, 농회보農會報가 있고, 공회보工會報가 있으며, 상회보商會報가 있어서 하나의 일이 있으면 반드시 하나의 보報(신문)가 있게 마련이다. 그 간행 기간이 느리고 빠른 것을 막론하고, 고루고루 단체의 취지를 뚜렷이 밝히며 공중公衆의 지식을 개도開導하여 사회의 복리福利를 증진하는 것이니, 참으로 문명의 기관이요 경쟁의 관건이다. 우리 대한협회가 칠대강령七大綱領을 발표하여 전국에 널리 펴면 뜻있는 애국지사愛國志士가 진실로 호응하여 그 취지의 소재所在에 부합하려니와, 대개 그 강령이 공허한 말이 아니어서 따를 만하고, 공허한 이치도 아니라서 연구할 만하다. 반드시 분발과 열성으로 함께 힘껏 도와서 실제로 대책을 세우고 지식의 교환에 종사한 연후에 아마도 그 취지의 목적을 달성할 수 있을 것이다. 이것이 회보會報를 발간하는 까닭이니, 본보本報는 곧 본회本會의 고탁鼓橐(고취하는 풀무)이요, 추관樞管(핵심 기구)이다. 만약 본회本會의 정신精神을 찾는 자는 마땅히 본보本報 가운데서 그것을 찾는 것이 옳으니, 만약 이로 인하여 교육이 보급되며 산업이 개발되고 권면하는 저축을 실행하며 생명과 재산을 보호하여 우리의 고유한 권리, 의무사상을 고취하면 관민官民의 폐습과 행정의 제도도 차례대로 교정되고 개선될 날이 있으리니, 어찌 우리 대한의 행복이 아니겠는가.

◎ 대한자강회 · 대한협회

1905년 '을사늑약'이 이루어짐과 동시에 국내에서는 여러 형태의 국권회복 운동이 일어났다. 의병 등과 같은 무력적 방법 외에도 국민들을 각성시키고 일본의 침략 행위를 규탄하는 정치, 사회, 교육 방면의 계몽 운동이 펼쳐지기도 하였다.
그 대표적인 단체가 대한자강회였다. 하지만 대한자강회는 1년만에 통감부에 의해 강제 해산되고 말았다. 이후 1907년은 소위 정미7조약이라 불리는 한일신협약이 체결되어 국가의 모든 권한이 통감부로 넘어가게 되었다. 또한 고종황제가 헤이그에 특사를 파견한 사건으로 인해 일본에 의해 황제의 자리가 강제로 양위되고, 군대가 강제로 해산되는 등 일본의 강압이 심해지기 시작하였다.
이 시기 남궁억은 1905년 3월부터 1907년 9월까지 성주목사와 양양군수를 지내고 있다가 1907년에 일어난 일련의 사건들로 사직을 결심하였다. 그리고 이해 11월에 통감정치에 반대하는 민간 운동단체인 대한협회가 조직되었다. 이 대한협회의 취지와 창립 인물들을 보면 대한자강회의 후신으로 보인다. 남궁억은 1908년 2월 8일에 열린 제4회 총회에서 회장으로 추대되고, 이후 '사상과 능력의 상수相須', '사회조화' 등의 글을 기고하였다. 창립 이후부터 남궁억 사임 전까지 대한협회는 항일적 자주국권 회복운동을 전개했으나, 그 이후에는 점차 그 모습이 사라진 것으로 평가된다. 1908년 7월 남궁억이 사임하고, 후임으로 친일적 인물인 김가진金嘉鎭이 추대되면서 대한협회는 대표적인 친일 단체였던 일진회와의 연합설이 도는 등 그 정체성에 큰 문제를 안게 되었다.

부디 이 대한회보지大韓會報紙가 빗물과 눈발이 흩뿌리는 것처럼 전국의 서안書案을 가득 채우고 봄날의 우레가 요란한 것처럼 동포의 몽계夢界를 진탕震盪(매우 울려서 흔들림)해서 대한 만세의 앞길을 영원하게 하기를 바라노라.

〈대한협회회보〉 제1호 (1908)

〈畿湖興學會月報〉 創刊號 祝辭

流峙華麗는 我畿湖之山川也요 聰明俊秀는 我畿湖之人物也니 美哉 我畿湖여. 非數百年掌握 政治 實業 文學 美術 中心點之畿湖歟아. 惜哉 我畿湖여 胡乃齁齁頑夢 於今日二十世紀之新天地歟아. 我於是乎 歌我畿湖하며 詠我畿湖하고 我於是乎 祝我畿湖하며 禱我畿湖하더니 乃者天相我畿湖하사 學會興하고 月報繼하여 將以是喚醒我畿湖하며 莊嚴我畿湖로다. 我於是無他語祝畿湖라.

只祝曰 願我畿湖人은 人人手畿湖學會月報하며, 人人口畿湖學會月報하면 於唯我畿湖文明之發軔이라 하노라.

〈畿湖興學會月報〉 제1호(1908년)

〈기호흥학회월보〉 창간호 축사

세차게 흐르는 물과 우뚝 솟은 산이 화려함은 우리 기호畿湖(경기도와 충청도)의 산천山川이요, 총명하고 준수함은 우리 기호畿湖의 인물이니, 아름답도다, 우리 기호여! 수백 년 동안 정치 · 실업 · 문학 · 미술의 중심점을 장악한 기호가 아니겠는가. 애석하도다, 우리 기호여! 어찌하여 오늘날 20세기의 신천지新天地에서 코골며 어리석은 꿈을 꾼단 말인가! 우리는 이에 우리 기호를 노래하며, 우리 기호를 읊조리고, 우리는 이에 우리 기호를 축원하며, 우리 기호를 기도하더니, 이전에 하늘이 우리 기호를 도우사 학회學會가 흥興하고 월보月報가 이어져서 장차 이것으로 우리 기호를 깨우치며 우리 기호를 장엄하게 하리로다. 우리는 이에 기호를 축원할 다른 말이 없노라.

다만 축원하건대 우리 기호 사람은 사람마다 기호학회월보畿湖學會月報를 손에 들고, 사람마다 기호학회월보를 입으로 말하며, 오직 우리 기호에서 문명이 시작하기를 바라노라.

〈기호흥학회월보〉 제1호 (1908)

◎ 기호흥학회
독립협회의 해산 이후, 대한자강회, 대한협회, 인민대의회와 같은 정치단체가 조직되었고 사람들의 교육과 계몽을 통한 애국을 실천하고자 하는 국민교육회, 국문연구회, 대동학회, 흥사단 등이 설립되었다. 또한 서울에서 활동하던 각 지역 출신의 지사들이 고향에 학교를 세우거나 경제적 원조를 하기도 하였다. 학교 교육에 직접적으로 관련되었던 이 단체들은 평안도, 황해도, 함경도 출신이 조직한 서북학회, 경기도, 충청도 출신들이 조직한 기호학회, 경상도 출신 인사들이 조직한 교남학회, 그리고 강원도의 관동학회가 있었다. 기호흥학회는 경기도에 6개, 충북에 4개, 충남에 7개 군의 지회를 두었으며, 서울 중앙고등학교 역사의 시작이 바로 이 기호흥학회에서 비롯되었다.

〈奬學月報〉 創刊號 祝辭

吾會以敎育之普及, 爲第一義, 奬學報其唯鼓吹學界之橐籥, 扇動敎育之機關者乎, 將使一般學員, 賈勇奮氣, 各自爲大將, 增一倍競爭之風力矣, 願以之廣諸全國, 使家家而一奬學報是爲頌.

〈奬學月報〉 창간호 (1908년)

〈장학월보〉 창간호 축사

우리 모임은 교육 보급을 제일의 목적으로 삼았으니, 〈장학보奬學報〉는 오직 학계를 고취하는 풀무이자 교육을 선동하는 기관일 것이다. 장차 일반 학회원으로 하여금 용기를 사서라도 기운을 떨쳐서 각각 스스로 대장이 되게 하여 경쟁하는 기풍을 한결 더할 것이요, 그것을 전국에 확산시켜서 집집마다 한결같이 〈장학보〉를 송頌(공덕을 기리는 글)으로 삼도록 하기를 바라노라.

〈장학월보〉 창간호 (1908)

◎ 가용분기賈勇奮氣
춘추시대 제齊의 고고高固가 진晉의 군진軍陣에 돌격해서 큰 돌로 진나라 군사를 거꾸러뜨려 사로잡고 뽕나무를 뿌리째 뽑아서 돌아오면서 제나라 군사들에게 "용기가 필요하면 내 남은 용기를 사가라"고 하였다는 고사에서 온 말로서, 《춘추좌전春秋左傳》 성공成公 2년 기사에 보인다.

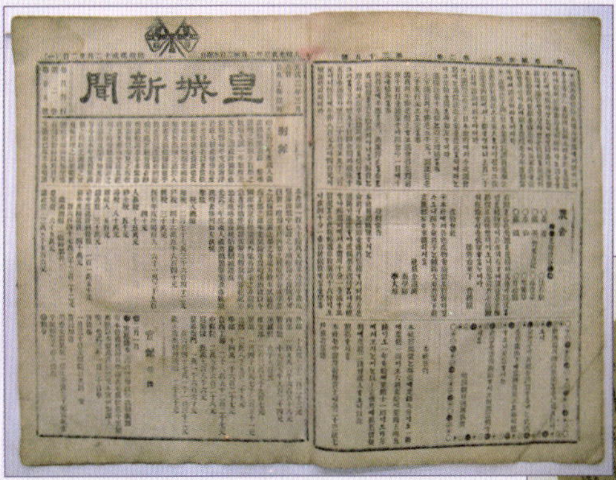

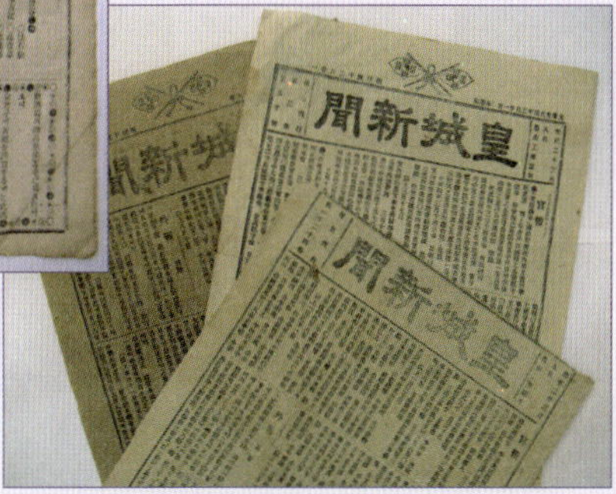

◎ 〈황성신문〉

〈황성신문〉

황성신문은 독립협회의 간부였던 남궁억과 나수연이 〈대한황성신문〉의 판권을 인수하여 1898년 9월 5일 창간되었다. 최초의 근대신문이었던 〈한성순보〉(1883년 9월 창간)를 시작으로 창간된 신문 중 한국인, 그리고 민간자본에 의한 일간지였다. 〈독립신문〉이 한글로만 발간된 것에 비해 〈황성신문〉은 국한문을 혼용하였으며 지식인층을 대상으로 폭넓은 독자층을 형성하였다. 3단으로 구성되어 논설, 관보, 외보, 별보, 잡보로 분류하였으며 1899년 11월 13일자부터는 4단으로 구성을 바꾸었다.
남궁억은 초대 사장으로 3년 간 활동하였다. 이후 장지연, 남궁훈, 김상천으로 경영진이 바뀌었지만 경영난, 일제의 압박으로 활동이 자유롭지 못하였다. 황성신문은 민족의식 고취와 국권회복을 위한 글들을 기재하였는데 특히 1905년 장지연의 〈시일야방성대곡時日也放聲大哭〉은 '을사늑약'에 대한 강렬한 비판과 정부각료들에 대한 신랄한 비판을 담았으며 당시 기고자이자 사장이었던 장지연은 체포당하고 신문은 정간을 당하기도 하였다.
〈황성신문〉은 1910년 9월 14일 폐간되기까지 국민계몽과 일본 침략에 반대하는 민족신문으로 그 역할을 다하였다.

〈皇城新聞〉 創刊號 論說

夫政府의 用人함은 匠氏의 用材함과 同하여 各其 用處에 適宜함을 取하나니 何者오. 匠氏가 舍屋을 經營할새 먼저 繩墨과 準尺을 持하고 材木의 大小와 曲直을 分揀하여 棟梁에 用할 者는 棟梁에 用하고 椽樞에 用할 자는 椽樞에 用하고 其他 桹臬와 枯杆에 至하여도 各히 其宜를 得케 하매 造成하는 制度와 結構하는 規模가 一毫도 差錯이 無하여 幾日의 工力이 完固한 一屋이라. 於是焉에 其隣人이 主人을 來見하고 獻賀하여 日 善卜哉라 此基址여, 善搆哉라 匠氏여, 此家에 福祿이 綿延하리로다 하면 其主人이 酒를 進하여 隣人을 勸하며 答謝하여 日 此는 主人의 力이 아니오라 幸이 匠氏의 善手를 逢하여 屋子를 堅固케 成하였노라 하나니, 政府도 亦然하여 官職을 組織할새 먼저 法律과 章程을 定하고 人員의 德望과 才質을 分別하여 將相에 合當한 者는 將相을 任하고 六卿에 合當한 者는 六卿에 任하고 其他 內面百執事와 外面方伯守令이라도 各히 其職에 當케 하면 幾年을 不過하여 富强한 一國이라

〈황성신문〉 창간호 논설

무릇 정부가 인재를 등용함은 장인匠人이 재목을 사용함과 같아서 각각 그 사용처에 맞게 취하나니 어떠하오. 장인이 집을 지을 때 먼저 승묵繩墨(먹줄)과 준척準尺을 갖고서 재목材木의 크기와 형태를 분간하여 마룻대와 동량棟梁(대들보)에 쓸 것은 마룻대와 동량에 쓰고, 서까래와 지도리에 쓸 것은 서까래와 지도리에 쓰고, 그 밖에 외효椳臬와 고간楛杆에 이르러서도 각각 그에 맞게 하매, 만드는 제도와 짓는 규모가 조금도 어긋남이 없어서 며칠의 공력工力이 완전하고 튼튼한 한 채의 집이라. 이에 그 이웃 사람이 주인에게 와서 보고 축하하여 말하기를, "잘 점쳤도다, 이 터여! 잘 지었도다, 장인이여! 이 집에 복록福祿(복되고 영화로운 삶)이 끊임없이 이어지리로다!" 하면, 그 주인이 술을 내와서 이웃 사람에게 권하며 답사答謝하여 가로되, "이는 주인의 힘이 아니오라. 다행히 솜씨 좋은 장인을 만나서 집을 견고히 완성하였노라." 하나니, 정부도 그러하여 관직을 조직할 때 먼저 법률과 장정章程을 정하고, 인원의 덕망과 재질을 분별하여 장상將相(장수와 재상)에 합당한 자는 장상을 맡기고, 육경六卿(조선시대의 육조판서)에 합당한 자는 육경에 맡기고, 그 밖에 내면內面의 백집사百執事와 외면外面의 방백方伯과 수령守令이라도 각각 적합한 직책을 맡게 하면 몇 년이 지나지 않아 부강한 일국이 되리라.

於是焉에 隣國人君이 使臣을 專命하여 其國人君에게 獻賀하여 曰 險固哉라 貴國山河여, 公平哉라 貴國政府여, 幾千年을 太平한 福을 享하소서 하면 其國人君이 交際하는 禮를 設하고 其使臣을 對하여 隣國人君에게 答謝하여 曰 此는 寡人의 力이 아니오라 幸이 政府에 善手가 有하여 國家가 萬分의 危를 免하였노라 하여 雖編小한 國이라도 隣國에 同等 權利를 不失할 것이어늘, 今에 我國政府에 用人하는 法을 試論하되 人才를 隨하여 收用할 生覺은 全無하고 但門閥과 交誼를 相較하여 各其 任差하는데, 某는 侍下에 其情地가 切迫하니 不可不 郡守一啣을 區處해야지, 某는 多率에 餓死之境을 當하였으니, 局長이나 參書官이나 下之主事一啣을 區處해야지, 某台子弟가 尙今 白頭로 在하니 此는 吾儕의 大羞

라, 今番에 齋郎一啣을 區處해야지 하여 一一分排하면 其得叅한 某某가 逐逐相達하여 致賀하여 曰 兄은 到今하여 餓死之境을 免하였네.

이에 이웃 나라 임금이 사신을 명命하여 그 나라 임금에게 축하하여 가로되, "험하고 단단하도다, 귀국貴國 산하山河여! 공평하도다, 귀국貴國 정부여! 몇천 년을 태평한 복을 누리소서!" 하면, 그 나라 임금이 교제하는 예禮를 베풀고 그 사신을 통해 이웃나라 임금에게 답사하여 가로되, "이는 과인의 힘이 아니오라, 다행히 정부에 유능한 사람이 머물러서 국가가 만분萬分의 위험을 면하였노라." 하여 비록 작은 나라라도 이웃 나라에 동등한 권리를 잃지 않을 것이어늘, 이제 우리나라 정부의 인재를 등용하는 법을 시험삼아 논하되, 인재를 좇아서 수용할 생각은 전혀 없고 다만 문벌門閥과 교의交誼를 서로 견주어 각기 임명하는데, "누구는 시하侍下(부모나 조부모를 모시는 사람)에 그 정지情地(딱한 사정에 있는 가여운 처지)가 절박하니 어쩔 수 없이 군수郡守 직함을 구처區處(변통하여 처리함)해야지, 누구는 딸린 식구가 많은데 굶어 죽을 지경을 당하였으니 국장局長이나 참서관參書官이나 아래로 주사主事 직함을 구처해야지, 어느 분의 자제子弟가 아직까지 백두白頭(벼슬하지 못한 사람)로 있으니 이는 우리들의 큰 수치라. 이번에 재랑齋郎 직함을 구처해야지." 하여 하나하나 분배하면, 거기 참여할 수 있게 된 아무아무가 앞다투어 서로 전달하며 치하하여 가로되, "형兄은 이제 와서 거의 죽을 뻔한 처지를 면하였네.

某 大臣이 兄에게 積善하였네. 吾亦侍下榮感하여 某大臣이 世誼를 不忘하데 하여 一統言論이 某가 某官을 하였으니, 可謂其材에 合當하다는 者는 幾人을 得聞치 못하였나니, 此는 政府에서 國家의 公器를 自己의 知舊間救荒하는 材料로 知함이라. 然한 故로 其觀察使니 郡守니 한 兩班더러 到任만 하면 其人民視하기를 奇貨로 知하여 有罪無罪間에 星火捉來하여다가 爾罪는 爾知之라 하면 其殷勤한 裏許는 孔方兄이 紹介라. 此로 由하여 一國 生靈이 塗炭에 在하여 其慘酷한 景色을 目으로 忍見키 難하거늘 政府에서는 其用人함이 其人을 不得함은 思치 않고 但此世上에 人才가 乏하여 國事를 共濟키 難하다 하나니, 然할진대 어찌 匠氏더러 用材하는 法을 問치 아니하시오.

〈皇城新聞〉 제1호 (1898년)

어느 대신이 형에게 적선하였네. 우리도 시하侍下 영광스럽고 감격하여 어느 대신의 세의世誼(대대로 사귀어 온 정의情誼)를 잊지 못하네." 하여 모든 언론이 누구는 어느 관직을 하였으나, 그 재목에 합당하다고 할 만한 자는 몇 사람을 들어 알지 못하였나니, 이는 정부에서 국가의 공기公器를 자기 아는 사람들 간에 구황救荒(굶주림에서 벗어나도록 도움)하는 재료로 아는 것이라. 그러한 까닭에 그 관찰사니 군수니 하는 양반이 도임到任(지방관이 임소任所에 도착함)만 하면 그 인민人民 보기를 기화奇貨(훗날을 위해 투자할 만한 진기한 물건)로 알아, 유죄이든 무죄이든 간에 득달같이 잡아 들여다가 "네 죄는 네가 알렸다"라 하는데 그 크게 권勸한 속내는 공방형孔方兄(가운데 네모난 구멍이 뚫린 엽전을 비유하는 말로서 돈을 말함)이라. 이로 말미암아 한 나라 생령生靈이 도탄塗炭에 있어서 그 참혹한 경색景色(광경이나 상황)을 눈으로 차마 보기 어렵거늘, 정부에서는 그 인재 등용함이 적합한 사람을 얻지 못함은 생각치 않고 다만 이 세상에 인재가 모자라서 나랏일을 함께 다스리기 어렵다 하나니, 그럴진대 어찌 장인더러 재목 사용하는 법을 묻지 아니하시오.

〈황성신문〉 제1호 (1898)

◎ 이 글의 필자가 '남궁억'이라는 말은 기록되어 있지 않다. 하지만 창간호의 논설인 만큼 그 정황상 남궁억 선생의 글일 것이라 판단된다.

모곡학교 만세운동

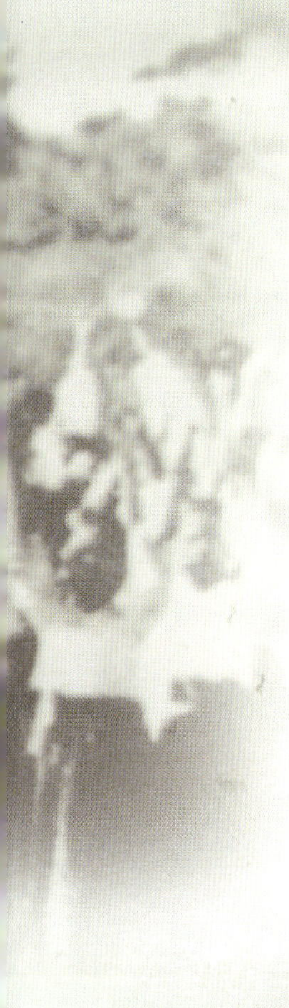

제4부

교육인 남궁억

여성, 우리말, 그리고 역사

교육과 역사

민족을 일깨우려는 남궁억의 노력은 교육을 통한 계몽과 역사의식의 고취라는 두 가지 면으로 나타났다. 독립협회와 〈황성신문〉을 통해 민족 계몽을 전개했고, 〈교육월보〉,《가정교육》,《조선문법》 등을 통해 조선인의 교육을 강조했다. 배화학당에서의 그의 교육적인 열정은 '산골이 일어나야 민족에 희망이 있다'는 그의 주장에서도 보이듯이 낙향한 모곡에서도 여전히 계속되었다.

《동사략》과 《조선이야기》

교육에 대한 그의 열정에서 빼놓을 수 없는 것은 역사에 대한 강조이다. 1924년 그는 단군조선에서부터 그가 살아 있던 당시 가장 최근에 일어났던 3.1운동까지 다룬 조선 역사서를《동사략》이라는 이름으로 출간했다. 총 4권 836페이지에 이르는 이 책은 조선의 역사를 독립적이고도 자주적인 입장에서 해석한 책으로, 당시 36부를 필사해서 학생들을 가르쳤다. 남궁억은 1929년 4월 전 5권 1,290페이지에 달하는《조선이야기》를 출간했다. 총 20권이 필사된 이 책은 학생들을 위해 이야기식으로 편찬되었다. 그가 직접 남긴 '자서自序(편찬한 책에 직접 적은 서문)'에는 이 책을 쓴 이유가 직접 설명되어 있다.

남궁억의 3.1운동 이야기

3.1운동은 기미년인 1919년 3월 1일을 기점으로 일어난 일본의 폭력적인 무력통치에 대한 저항운동이다. 1910년 한국을 강제로 합병한 일본은 정치, 경제, 교육, 문화의 모든 면에서 폭력적이고 억압적인 통치를 계속했다. 그러나 이러한 비참한 민족의 상황에 대하여 국민들이 점차 자각하게 되었다. 또한 1918년 발표된 미국 윌슨 대통령의 민족자결주의에 대한 강조는 적지 않은 도전이 되었다. 이러한 상황 속에서 1919년 1월 21일 고종 황제의 의심스런 서거는 민족적 감정에 기름을 붓는 꼴이 되었다. 이로 인해 국내외 다양한 계층의 한국사람들이 일본의 억압과 침탈에 대항해 일으킨 평화로운 저항운동이 바로 3.1운동이었다.

《동사략》과《조선이야기》에 수록된 남궁억의 3.1운동 기술은 자신이 직접 듣고 수집한 자료를 기초로 해서 기록되었다는 점에서 중요하다. 동시에 이 민족적 사건을 일회성 사건이 아닌 5천년 역사를 배경으로 해석하고 있다는 점도 중요하다. 또한 암울한 시절을 만들어내는 데 일차적인 책임이 있는 일본에 대한 조선민족의 반감과 저항이 어느 정도였는지를 잘 보여주고 있다.

《가정교육》

남궁억은 1910년 한일강제병합이 되던 해 11월에 기독교 학교인 배화학당 교사로 초빙되어 8년 동안 재직하면서 영문법, 서예, 가정교육, 웅변법 등을 가르쳤으며, 1914년에는 교재로 《가정교육》을 편찬하기도 하였다. 이 책은 영문서적을 번역, 참작하여 근대적 육아법과 영양학 등을 기록하였는데, 여성들에게 올바른 가정교육의 지침을 제공하였고, 여성을 공동체의 주체로 교육시키고자 하였다. 100페이지의 한식 제본으로 1914년 11월 15일 유일서관唯一書館에서 발행되었고, 값은 30환이었다.

*이 장에서는 《가정교육》에서 일부를 발췌하여 수록하였다.

범례

각 지방 풍속이 상수相殊(서로 다름)하고, 지식의 정도가 각각 달라 전국의 크고 작은 가정의 정황을 고사考査(자세히 생각하고 조사함) 하건대 천차만별로 혼동스러움이 없지 않을 뿐더러 그 중 폐해를 살펴보면 이루 매거枚擧(낱낱이 들어서 말함)키 어려운지라. 본서의 목적은 가정의 주뇌主腦가 되는 주부로 하여금 곧 자기의 책임이 실로 중요함을 자각하고, 종전의 폐습을 통혁일신痛革一新(뼈아프게 고쳐 새롭게 함)케 할 뿐만 아니라, 그 천차만별의 가정예법도 이를 좇아 점차 동화하여 모두 인수仁壽(인덕이 있고 수명이 김)의 역域으로 동제同躋(같이 오름)케 함이라.

조선에서 종전 치가治家하는 법도 중 가장 소홀한 것은 육아법이라. 혹 가세가 넉넉한 부자요, 또한 예법에 익숙하다 하더라도 자녀를 양육함에 대하여는 오해가 없는 집이 거의 없다. 희망의 조짐이라. 본서의 방침은 이 폐단을 통혁痛革코자 하는 것으로, 그 열거한 여러 방법 중에 가장 용이한 것은 '아이 기르는 법'이라. 독자 모두는 이에 잘 살펴서 재삼 유의 하기를 바란다.

한문을 약해略解(골자만 추려 간단히 풀이함)하는 자는 순 선문鮮文(한글)로 된 저술에 대하여 매양 못마땅하게 여기니, 그 까닭은 읽는 것이 어렵고 빡빡하기 때문이다. 본서의 근본 취지는 부인계에 널리 보급함이니, 한문을 환히 알지 못하는 이라도 한눈에 명백히 이해하여 각 가정에 실제적인 이익이 되게 하려 함이다.

《가정교육》 차례

시부모 섬기는 법

첫째는 시부모의 심지를 승순함
둘째는 노인의 의복, 음식, 거처, 운동, 질병

남편 섬기는 법

첫째는 부부간 도리

아이 기르는 법

첫째는 태육
둘째는 젖먹임
셋째는 아이의 옷과 음식 그리고 거처
넷째는 아이의 종두와 질병
다섯째는 아이의 동정과 유희
여섯째는 아이의 가정교육

하인 부리는 법

첫째는 하인을 고용함

가법을 세움

첫째는 자기 수신
둘째는 세간과 그릇 등의 배치
셋째는 화재를 방비함
넷째는 전등과 가스 등

친구 사귀는 법

첫째는 집회
둘째는 방문
셋째는 잔치
넷째는 서신
다섯째는 선사

음식물의 이해를 분간하는 법

첫째는 음료수를 택함
둘째는 식료품을 택함
셋째는 음식 먹는 법
넷째는 식료품의 각 분자 분석표

시부모 섬기는 법

첫째는 시부모의 심지心志를 승순承順(뜻을 좇음)함.

윤리상 관계

우리 동양에 옛날 한 아름다운 법이 있으니, 곧 폐백이라. 신하가 임금을 섬기고자 하는 때와 제자가 스승을 처음 뵈올 때에 반드시 폐백을 드려 두 사람의 명분을 정하나니, 이같이 한번 정하면 다시 변치 못하고 몸이 맞도록 정성껏 섬김으로써 생명을 드리는 일까지도 행하는지라. 예부터 충신 열사가 곤란과 위험을 무릅쓰고 임금의 명을 좇다가 참혹한 죽음을 당한 자가 그와 같이 많아서 열과 스물로 헤일 수 없거니와, 제자가 스승에 대한 일로 보아도 공자가 진채陳蔡의 액厄을 당하시어 생명의 위험이 조석朝夕에 있되 여러 제자가 하나도 도망한 자가 없었으니, 군신과 사제는 부자형제 같은 천연적 정의가 없거늘 무슨 연고로 그러하뇨.

다름 아니라 저 두어 자 비단과 한 마리 기러기나 꿩을 값으로 논하면 몇 냥에 지나지 않으나, 폐백을 삼아 한번 임금이나 스승께 드리면 그날부터 두 사람의 명분이 크게 정하여 평생에 다시 고치지 못하고, 만일 고친 자가 있으면 제 당대 뿐 아니라 천만 대를 내려가도록 무슨 악한 이름을 얻나뇨. 이로 보면 폐백의 소중함이 이처럼 자별自別(본래부터 남다르고 특별함)하도다.

오늘날 우리 조선의 혼인하는 법례를 보면, 며느리되는 자가 그날에 마땅

◎ 공자가 63세에 초나라 왕의 초빙을 받아 진陳나라와 채蔡나라 사이를 지나갈 때 이 두 나라가 공자를 막기 위해 군사를 동원하여 7일 동안 가로막아 음식을 구하여 먹지도 못하였다. 이때 공자의 곁을 지킨 열 제자의 이름은《논어論語》〈선진先進〉편에 기록되어 있다.

히 꿩과 대추로 폐백을 삼아 드리나니, 이는 옛날부터 내려오는 아름다운 풍속이요, 각성바지(성이 각각 다른 사람)가 서로 모여서 부모니 자식이니 하는 명분을 크게 정하는 예법이라. 이 예법의 본의를 궁구하면 뭇 사람 앞에서 명분 정하는 맹세를 나타냄이니, 어찌 소중히 자별치 아니하리오.

동양 옛 성인의 훈계를 듣건대, 부부의 의를 오륜의 으뜸이요, 서로 대우함은 공경을 주장하라 하였고, 예수 교회에서 서양식으로 거행하는 혼례를 보면 범사에 하나님 앞에서 맹세하여 털끝만큼도 경홀히 여길 수 없거늘, 어찌하여 근일 시세가 한번 변하더니 사람마다 주창하기를 자유니 법률이니 하고 윤리상 덕의德義는 돌아보지 아니하므로, 심한 자는 부부같이 소중한 명분을 두어 마디 분쟁이나 조금 간구한 살림을 견디지 못하고 이혼 청원이란 소리가 입에 그치지 아니하여 아주 염치가 도상倒喪(거슬러 없어짐)하니, 이런 사람의 마음 속에야 어찌 시부모 같은 온전히 명분으로만 정한 윤리가 있으리오. 이러므로 그 가정에는 욕설과 발악이 쉴 때가 없고, 나중에는 식구마다 노여움과 원망하는 마음으로 각각 헤어져서 집안이 멸망하고야 마나니, 며느리된 자여, 어찌 두렵고 경계할 바가 아니리오.

소매평생素昧平生(한번도 만난 적이 없음)에 피차 용모도 모르고 성정도 다른 각 사람이 한 집안에 모여 살 때에 어찌 자연의 애정이 생길 수 있으리오. 그러나 윤리상으로 시부모니 며느리니 하는 명분을 한번 정하면 서로 대우하는 예법은 공경과 사랑이 친모녀 사이 같아야 할 줄은 사람마다 알고 말하는 바라. 그러나 우리 조선 가정을 살펴보건대, 며느리가 마음에 맞지 아니하여 항상 나무라고 꾸짖는 소리가 끊어지지 않는 시어미가 얼마나 많으뇨. 온 조선 가정에 절반 이상이라 하여도 과한 말이 아니요, 또 며느리가 미우니까 발꿈치가 달걀 같다는 속담을 보아도 우리 가정의 예부터 내려오는 폐단을 알 수 있는지라. 그러나 세상에 시어미된 자가 거의 다 마음이 불량하여 그러함이 결단코 아니라. 며느리에게 불량한 이가 남에게는 양순한 사람이 고금에 허다하고, 또 시어미는 별 사람이 아니라. 며느리가 자라 시어미 되나니, 사람이 어찌 며느리 때에 양순하던 마음이 시어미가 되면 불량하여질 이치가 있으리오. 그러면 어찌된 연고이뇨. 이것저것 몇 가지 이유가 있으나 폐일언蔽一言(이러니 저러니 할것 없이 한마디로 말하다) 하고, 시어미 마음 속에 '용서' 두 글자가 없는 연고로다. 나의 친딸은 잘하나 못하나 사랑이 가리우므로 온갖 흉이 다 묻히거니와, 며느리에 대하여는 천연적 사랑이 없는 동시에 사람이 어찌 완전한 자품資稟(사람의 타고난 바탕과 성품)으로 이룰 수 있겠느뇨. 열에 한두 가지라도 내 마음에 미치지 아니하면 벌써 미운 생각이 얼마큼 생겼고, 또 일이야 크든지 작든지 한번 명령한 것이 내 뜻과 같지 못할 때에 벌써 노여움이 일어나서, 처음에는 훈계 비슷한 꾸지람이 나중에는 쌓이고 쌓인 노여움을 발하여 온 집안에 항상 소요하고 심한 자는 며느리를 쫓기도 하니, 이러해서야 그 가정에 어찌 복록이 내리기를 바라리오. 옛말에 어리석고 귀먹지 아니하면 가장 노릇 못한다 하였으니, 이는 알고도 모르는 체하고 용서하라 함이다. 시어미된 자여, 범사에 참을지어다. 범사에 용서할지어다.

◎ 속담: 부무가단婦無可短이면 종여계란踵如鷄卵이라.
'며느리가 미우면 발꿈치가 달걀같다고 나무란다.'는 속담으로 며느리가 미우면 달걀같이 예쁜 발뒤꿈치까지도 나무란다는 뜻이다.

한 번 용서에 고부간 화기和氣를 보전하고, 세 번 용서에 온 집안에 화기가 융융融融(화목하고 평화스러움)하리니, 이런 가정이야 아니 구한들 어찌 복록이 아니 내릴까.

시부모의 뜻을 승순承順함

집의 며느리는 나라의 국무 대신 같아서 그 집의 흥망성쇠가 모두 며느리 일신에 달렸으니, 그 책임이 어찌 중대치 아니하리오. 대저 며느리가 되어 온 가정으로 하여금 화기가 융융하고 복록이 진진津津(매우 풍성함)케 하려면, 첫째 시부모에 대한 도리를 극진히 행하여 공경과 승순으로써 그 즐거운 마음을 얻는 데 있나니, 그러하면 남편이 또한 기쁜 뜻으로 감사히 여길 것이요, 온 집안 권속이 따라 복종하리니, 보는 자 뉘 아니 칭찬하리오.

시부모께 극진한 도리로 봉양하려면 아름다운 의복과 맛있는 음식이 요긴하지마는, 그 심지를 승순함이 더욱 요긴한지라. 시부모 앞에서 무슨 거동이든지 기쁜 마음으로 행할지니, 마음이 기쁜즉 자연히 용모가 화평하고 언어가 유순하여 시부모의 마음이 평안할 것이요, 또 무슨 명령을 내리든지 절대적으로 아니 될 일 외에는 첫마디에 순종하여 즉시 힘써 봉행하고, '없다' 혹 '아니'란 말로 그 뜻을 거스르지 말 것이요, 만일 집안 사세事勢로 인하여 명령을 봉행키 어렵거든 무슨 언어나 행동으로 하든지 시부모께서 저절로 깨달아 아시도록 함이 좋으니라.

세상에 악한 가정이 허다하여 고부간에 서로 호승好勝(남을 이기기 좋아함)하는 마음으로 꾸짖고 대답하는 소리가 온 집안을 요란케 하여 필경 가도家道가 패망하는 자도 있고, 여러 가지 이간과 참소가 성행하여 식구마다 서로 눈 흘기고 다툼질이 쉬지 아니하는 자도 있으니, 그 원인을 궁구하면 여러 가지가 있으나 흔히 요량 없는 시동생이 경솔한 입버릇으로 여기 말 저기 가서 하는 데서 말미암음이 많은지라. 현량賢良한 며느리는 그 집안에 가장 말썽스러운 사람을 택하여 먼저 그 마음을 사서 얻을 것이요, 시동생을 대우하는 법은 항상 공경하고 진정으로 사랑하여 세월이 오래매 자연 감복하게 할지니라.

설혹 시부모의 천성이 불량하여 부당한 이유로 욕설과 학대가 자심滋甚(매우 심함)할지라도 한 마디 대답하지 말고 황송한 용모로 조용히 듣다가 노여움이 갬을 기다려 다시 기쁜 얼굴로 그 용서함을 청하면, 아무리 불량한 천성인들 어찌 차차 감동하여 필경 선량한 부모가 되지 아니하리오. 만일 자기 무죄함만 생각하고 일시 분심을 참지 못하여 큰소리로 말끝마다 대답하고, 혹 노기가 등등하여 친정으로 돌아가든지 시집에서 쫓겨나든지 하여 양가 화친이 이로 말미암아 아주 끊어지게 되면, 처음에는 비록 시부모의 허물이라 할지라도 필경 불효의 이름은 누구에게로 돌아갈꼬. 며느리된 자여, 생각하고 또 생각하여 아무쪼록 경솔한 행동으로 후회할 지경에 이르지 말지어다.

시부모 앞에서 소세梳洗(머리를 빗고 세안함)와 의복 등이 단정치 못하여 추하거나 게으름이 나타남은 대단 불가하거니와, 내 일신 단장을 너무 유난스러이 차려 유두분면油頭粉面(여자의 화장하여 꾸민 모습)에 각종 패물로 화려하게 장식하여 남의 안목에 괴상히 보이는 것도 불가하니, 아무쪼록 용모는 단정하고 동작은 부지런함을 주장할 것이요, 시부모께 공궤供饋하는 음식, 의복은 가세家勢의 유무有無에 따라 힘 자라는 대로 할 것인즉, 나물죽, 보리밥이라도 정결하고 몇 가지면 능히 부모의 마음을 편케 하겠거늘, 부질없이 세속의 누습을 좇아 친정의 전재錢財(재물로서의 돈)를 억지로 뜯어다가 시가에 와서 빛을 냄은 옳지 아니할 뿐더러, 이로 인하여 시부모의 마음을 불안케 할 염려도 없지 아니하니라.

만일 사람의 계실繼室(후처)이 되어 전실 자녀가 있거든 극진히 사랑하고 어루만져서 기출己出 자식과 다름 없이 여김이 대단히 옳거니와, 만일 그렇지 못하여 모자 간에 혐의嫌疑와 미움이 생겨 자식 앞에서 탄식하고 근심하는 소리를 발하여 시부모의 마음을 상하게 하면 또한 불효의 이름을 면치 못할 것이요, 비록 하인의 자식이라도 시부모께 귀염 받는 자이거든 더욱 사랑하여 부모의 마음을 기쁘게 할지니라.

친정은 흉허물 없어서 언어 동작에 모두 내 일신이 편안하지만 나의 영구한 집은 아니라. 한번 출가한 후에는 아무쪼록 시집에 정붙이고 몸담아 있어 거기서 안심할 방법을 구하여 얻을 것이요, 시부모의 명령이 아니거든 먼저 친정에 귀녕歸寧(시집간 딸이 친정에 가서 부모를 뵈는 일)함을 청치 말지니라.

시부모의 기거 동작을 항상 살펴서 아무쪼록 편안한 지위에 계시게 할 것이요, 망령된 생각으로 시부모를 의심하여 그 동작을 엿보거나 그 말씀을 엿듣는 것은 도리상에 어그러질 뿐더러 만일 한 번 들키면 시부모의 사랑하는 마음을 영영 잃어버릴 것이니, 어찌 삼가지 아니하리오.

시부모 앞에서 어떠한 온화치 못한 소리나 기색이 다 합당치 아니하니, 혹 내 자녀나 하인의 자녀를 꾸짖을 경우에라도 아무쪼록 큰소리가 부모께 들리지 않게 할 것이요, 또 혹 슬픈 말이나 분한 일을 당하더라도 원망이나 우는 용모를 부모께 보이지 말 것이요, 또 남에게 빚지는 살림은 대단히 위험하니 아무쪼록 절용節用하여 이런 일이 없게 할 것이나, 혹 부득이한 경우에 빚 냥 있더라도 부모께 알려서 그 마음이 불편케 함은 옳지 아니하니라.

무슨 자선사업에나 교당연보敎堂捐補(교회에 내는 헌금)에나 공익사업에 무슨 전재錢財(재물)를 내거든 다 시부모의 이름으로 하고 자기 이름을 내세우지 않는 것이 좋으니라.

불행히 시부모가 잡술雜術을 믿고 사신 우상을 좋아하여 절에 불공이나 무당 판수나 관제묘關帝廟(중국 삼국시대 촉의 장수 관우의 영을 모시는 사당) 같은 곳에 다니면서 어리석게 전재를 허비할지라도 거스르는 말로 경선輕先(경솔하게 앞질러 처리함)히 간하다가 노여움이나 꾸지람을 당치 말 것이요, 평일에 먼저 시부모의 뜻을 극진히 승순하여 그 기쁜 마음을 얻은 후에 천천히 좋은 기회를 타서 하나님을 믿고 복 받을 일을 온화한 말로 재삼 설명하여 부모의 마음을 기어이 돌리도록 할 것이요, 또 부모의 마음이 어느 정도 돌려졌거든 차차 우상에게 복을 비는 일이 어리석은 이유를 설명하되, 사람은 만물의 영장이거늘 도리어 저보다 낮은 지위에 있는 토목으로 만든 우상에게 절하는 것이 과연 어리석은 일이요, 설혹 그 우상이 신령하여 능히 화복을 줄 수 있더라도 신령은 사람같이 성욕이 없거늘, 이제 몇 그릇 냄새나는 음식과 몇 원어치 동전 은전을 그 앞에 놓고 태산같이 큰 소원을 이뤄달라 비는 것이 어찌 그리 어리석은가를 여러 가지 이유로 온화하고 안상安詳(찬찬하고 자세하게)하게 설명하여 조금도 화기를 손상치 않고 시부모를 하나님 앞으로 인도하는 것이 참 지혜롭고 복받을 만한 며느리라 일컫을 지니라.

남편 섬기는 법

첫째는 부부간 도리

부부간의 대우

부부란 것은 피차 제 몸의 일평생을 남의 몸에 의탁하는 자들이라. 그 밀접한 관계와 서로 사랑하며 서로 보중保重(관리를 하여 건강하게 유지함)하여야 할 것은 사리에 당연한 바라. 어찌 사람의 권고를 기다려 될 자리오. 그러나 범사에 사리와 실제가 서로 부합하지 않은 것이 많으므로, 세상에 금슬 없는 부부가 허다하여 혹 초례醮禮(전통적으로 치르는 혼례식)하던 처음부터 남편에게 소박을 맞는 자도 있고, 혹 처음에 좋은 금슬이 중간에 변한 자도 있고, 또 혹 유자생녀有子生女(아들딸을 많이 낳음)하나 서로 인정이 희박하여 노상 행인이나 다름없는 자도 있어서 그 참담한 정경을 보면 일 년이 다 가도록 집안에 유쾌한 웃음소리 한 번 없고, 또 꽃동산 달밤을 사람마다 즐겨하여 시니 노래니 기쁨으로 읊조리되, 슬프다 내 일신은 적적한 안방 속에 창호를 깊이 닫고 수심이 첩첩한 가운데 지루한 세월을 보내매 별별 이상한 생각이 백 가지로 나를 흔들도다. 대저 금슬은 인력으로 어찌 할 수 없는 것이라. 임금의 엄위嚴威한 명령이라도 이 일에는 신하에게 행치 못하고, 부모의 간절한 훈계라도 이 일에는 자식을 좇게 못하나니, 알지 못할래라. 이 세상 인류 가운데 무슨 합당한 방법이 있어서 이 원통한 정곡을 위로하여 줄까.

사람이 몸이 아프면 어머니를 부르고 지원극통至冤極痛(지극히 원통함)한 일을 당하면 하나님을 부름은 어찌 함이뇨. 이는 인력으로 못할 일은 저절로 하나님께 부르짖어 이뤄 주시기를 청함이라. 저 적적한 안방 속에 홀로 앉아 탄식하는 지어미여, 생각할지어다. 한숨을 치쉬고 내리쉬고 눈이 붓도록 울어도 내 마음만 상할 뿐이지 무엇이 유익하리오. 차라리 전능하신 하나님 앞에 엎드려 나의 깊은 정곡을 열성으로 아뢰고 또 아뢰어 쉬지 않고 기도함으로써 능히 하나님을 감동시킬 수 있으리니, 생각 있는 자는 힘써 볼지어다. 정녕코 하나님의 응답이 계실 터이오. 또 나의 마땅히 행할 본분으로 논하면 언어 행동에 조금도 원망의 말이나 노여운 빛을 나타내지 말고 온화 겸손함으로써 남편의 완악한 마음을 감동코자 힘쓸 것 같으면, 사람은 목석이 아니라 오랜 뒤에는 필경 나의 목적을 달할 날이 있을지라. 설혹 이렇게 행하는 가운데 의외의 일이 가끔 발생하여 나를 저희沮戱(귀찮게 굴고 방해함)하더라도, 도무지 낙심 말고 참고 참아 꿋꿋이 나가서 기어이 이루고 말지어다.

부부 간에 좋은 금슬을 유지하여 서로 정의가 융흡融洽(윤택하고 흡족함)할지라도 아내 된 자는 삼가 방심치 말고 항상 온화와 정직으로 근본을 삼아 남편을 대우할지라. 나의 기색이 온화하면 남편의 마음을 거스르지 아니할 것이요, 나의 언론이 정직하면 남편으로 하여금 나를 공경케 할 것이고, 만일 남편의 사랑이 공경하는 마음에서 나오면 그 사랑이 어찌 영구치 아니하리오. 혹자는 그렇지 못하여 날로 내 용모의 단장으로 남편의 사랑을 더 얻고자 하거나, 또 아당阿黨(알랑거림)하는 말로 남편의 마음을 기쁘게 해서 목전에 소원을 이룰지라도, 이것은 잠시요 영구한 사랑이라 할 수 없을지로다. 옛 성현의 훈계한 바를 보면, 부부는 공경하여 서로 손님 같이 대접하라 하였으니, 풍조가 이처럼 변천된 오늘날, 앉아서 옛 사람의 훈계를 좇아 행할 수는 없을지라도 그 본의를 궁구하면 다 깊고 멀리 생각한 가운데서 나온 것이라. 아내된 자여, 다시 말하노니 온화 정직을 날마다 일마다 삼가 행할지어다.

아이 기르는 법

첫째는 태육胎育(태교)

태육의 관계

건강한 아이를 얻으려면 먼저 그 어미의 신체가 건강해야 하겠고, 어질고 착한 아이를 두려면 먼저 그 아이의 정신을 교육해야 한다. 그러므로 부인이 아이를 배거든 자기의 언어와 행동을 항상 조심하여 음란한 소리나 악한 빛이 내 눈과 귀에 들어오지 않도록 해야 하고, 분노나 슬픈 생각이 내 마음을 상치 않도록 하여 어떠한 좋지 못한 감정이라도 태중 아이에게 미치지 않도록 해야 한다. 대개 태중 아이는 그 어미의 감정을 따라 어미가 악한 생각이 날 때에 같이 악하며, 선한 생각이 날 때 같이 선하다. 임산부는 아무쪼록 때때로 신체에 알맞게 운동하고 마음을 화평하게 하여 태중 아이에게 큰 행복을 끼쳐서 하나님께서 주신 어미의 직분을 힘써 행해야 한다.

임산부의 위생

임산부의 의복은 아무쪼록 사치품은 피하고 정결하게 하며 그때 기후에 적당하게 하여 추위나 더위를 너무 받지 않도록 해야 한다. 음식은 아무쪼록 자양분이 많고 소화하기 쉬운 것을 먹으며, 무엇이든지 과식하거나 시장한 것을 너무 참지 말아야 한다. 거처는 아무쪼록 햇빛이 많이 비취는 방을 택하여 있을 것이며 때때로 창문을 열어 맑은 공기에 정신을 상쾌하게 하는 것이 좋다. 그리고 경치 좋은 곳을 멀리 바라보는 것과 세간을 항상 정결하게 하고 정돈하는 것이 더욱 좋다. 신체를 너무 안일하게 하여 게으름이 생기거나 음식을 잘 소화하지 못하는 것은 좋지 못하며, 어느 때든지 급한 걸음이나 힘에 과한 물건을 운반하지 말아야 한다.

다섯째는 아이의 동정과 유희

아이의 잠

아이는 깊이 잠들어 오래 잘수록 신체가 강건하며 뇌가 발달하고, 허약한 아이는 오래 자지 못한다. 아무쪼록 아이가 자는 동안에는 집안을 조용하게 하는 것이 좋다. 의복과 포대기 등은 따뜻하게 하여 제 몸에 맞도록 함이 좋으나, 잘 때에 얼굴까지 덮어서 공기의 유통을 막는 것은 크게 해롭다. 또 아무쪼록 더운 아랫목은 피하여 뉘는 것이 좋고, 혹 어미가 팔로 아이 머리를 베게 함도 좋지 않다. 대개 아이가 더우면 더욱 젖먹기를 생각하고 잘 자지 못하기 때문이다.

아이의 운동

아이를 한적한 방 안에서만 기르는 것은 옳지 않다. 아이가 난 지 백일 후에는 온화하고 맑은 일기를 택하여 머리와 신체에 냉기가 침범하지 않도록 싸가지고 안거나 업거나 유모차에 태우고 마루나 마당으로 돌아다니라. 이렇게 반 시간 동안 쯤 갑갑한 마음을 풀어 시원하게 하여 그 안목과 마음을 통해 하늘과 땅의 자연을 보고, 그 가라앉은 정신을 일으켜서 차차 활발한 기상을 기르게 함이 좋다. 그렇지만 연약한 기골에 너무 자주 운동하면 도리어 해되기 쉬우니 아무쪼록 제게 알맞게 함이 좋으며, 밖에 나올 때에는 조심하여 두 눈이 햇빛에 그대로 노출되지 않게 해야 한다.

아이의 목욕

아이의 신체가 정결하지 못하면 피부가 상하고 병나기 쉬우므로 반드시 이틀에 한 번씩 목욕을 시켜야 한다. 낮시간에 따뜻한 물로 온 몸을 잘 씻겨야 하며, 또 오줌이나 똥을 눈 뒤에는 아랫도리를 씻기는 것이 좋다. 아이의 털을 너무 일찍 깍아주면 해가 되므로 반드시 첫돌 후에 깎는 것이 좋고, 또 두골이 연약한 아이는 더욱 천천히 깎아주어야 한다.

아이의 유희

아이가 점점 자라 지식이 생기면 보고 듣는 것에 따라 신기하게 여기는 생각이 일어나고, 한번 감동된 것은 영영 잊어버리지 않는다. 이때가 되면 어미된 자는 마땅히 범사에 주의하여 아이가 조그만 물건을 가지고 예사로운 장난을 하는 가운데라도 지육, 덕육, 체육, 이 세 가지에 이익이 되도록 도와주어야 하며, 신체나 정신상에 해될 만한 것은 곧 금해야 한다.

아이에게 장난감은 필요한 물건이니 아무쪼록 고무로 만든 것이나 둥근 물건을 주어 아이 피부에 손상될 염려가 없게 해야 한다. 유리나 쇠로 만든 것은 좋지 아니하고, 유독한 색을 칠한 물건은 더욱 멀리해야 한다. 대개 아이의 성질은 옛것을 싫어하고 새것을 좋아하니 신기한 물건을 보면 얻어가지고야 말며, 또 이미 얻은 것은 얼마되지 않아서 싫증을 낸다. 또 손과 발을 자신의 뜻대로 움직일 때가 되면 무슨 장난감이든지 할 수 있는 대로 찢어버리는데, 이는 아이의 성질이 잔인해서 그런 것이 아니고 그 속까지 알고자 하는 호기심 때문에 그러는 것이다. 아무리 부자라도 어린 아이에게 값진 물건을 주는 것은 옳지 아니하니, 마땅히 보통 쓰는 물건을 주어 마음대로 찢어버리게 해야 하며, 아이가 차차 자라서 지식도 더 열리고 말귀도 알아들을 만하거든 좋은 말로 일러서 물건을 아끼고 보호하는 법을 가르쳐야 한다. 또 지, 덕, 체, 세 가지에 유익할 만한 장난감을 주어 놀게 하되, 항상 가지런하고 앞뒤가 맞는 조리 있는 놀이를 가르쳐야 한다. 또 더러운 장난감을 씻고 부서진 곳을 고치고 난잡히 벌여 놓은 곳을 깨끗이 정돈하여 아이의 덕성을 길러야 한다.

여섯째는 아이의 가정교육

교육의 방법

대저 아이에 대하여 정애情愛의 두터움이 부모가 동일하고 아이의 품격이 선량함을 이루고자 하는 희망도 부모가 동일하나, 실지實地(실제로)에 공효功效(공을 들인 효과)를 이루는 자는 어미에게 많이 있나니, 이는 어미가 특별히 가정에 책임이 더 중하고, 아이와 교접함이 주야에 그치지 아니함이라. 이러므로 예부터 동서양 역사를 상고하여 보면 위인偉人, 현인賢人의 십지칠팔十之七八은 다 현량한 어미로 말미암아 된지라. 어미된 자가 어찌 자기의 책임을 경홀히 여길 수 있으리오.

자녀의 가정 교육은 지극히 어려운 일이 아니라. 어미된 자가 침선針饍(바느질 하고 요리함)하는 여가에 넉넉히 가르칠 수 있나니, 날마다 쉬운 글자와 간단한 산술을 가르치거나, 무슨 설명을 할 때에는 한

가지를 들어 오랫동안 지껄이지 말고, 그 가르치는 물건이나 일의 선후 차례를 따라 간단하고 명백히 가르칠 것이요, 아이의 먹고 자고 운동하는 것도 일정한 시간이 있게 하는데, 아무쪼록 먹는 것은 부족하게 자주하며, 운동과 자는 것은 만족히 하게 하여 장성한 후에 병이 없고 강건한 사람을 이루게 할지니라.

자녀의 한두 가지 잘하는 일을 볼 때에 중언부언하면서 너무 칭찬하여 아이의 마음이 교만케 함도 옳지 않고, 다른 아이의 재주를 부러워하고 내 아이의 무재無才(재주 없음)함을 책망하며 탄식함은 더욱 옳지 아니하니, 이는 내 아이로 하여금 시기하는 마음을 일으키게 하거나 어릴 때부터 기운을 저상沮喪(기가 죽음)케 함이라. 어미된 자가 마땅히 아이의 천질天質(타고난 성질)을 짐작하여 그 장처長處(장점)는 약간 권장함으로써 더욱 낫게 하고, 그 단처短處(단점)는 힘써 고침으로써 아주 선량하여질 수 있을 희망이 눈앞에 있음을 분명히 일러 두어서 아이로 하여금 낙심될 만한 말은 조금도 귀에 들어가지 않게 함이 좋으니라.

아이의 지기志氣를 양성

날마다 아이가 듣고 보는 사물을 따라 깨닫게 할 것이 허다하지마는 어린 뇌에 가장 귀중한 교훈은 덕성을 기르며 양심을 배양함이니, 어미된 자가 먼저 경건한 마음으로 하나님 섬기는 모범을 아이에게 보이고, 또 항상 기회를 얻는 대로 하나님의 인애仁愛와 의義를 알아듣기 쉬운 말로 이야기 삼아 가르치다가, 아이가 무슨 유희하는 가운데 동무를 위하여 조그마한 선이나 의를 행하거나 말하거든 이런 일은 하나님의 기뻐하시는 바라 하여 힘써 권장하며, 또 혹 그런 선행이 미물微物에 미칠지라도 상당히 칭찬하여 항상 그 선이나 의를 좇는 마음을 진흥케 할지니라.

흙이나 종이나 다른 것으로 된 물건을 만들다가 단번에 되지 아니함에 낙심하거나 흥미가 떨어져서 그만두고자 하거든 그 힘과 재주를 권장하여 기어이 처음 경영을 이루게 하고, 만일 어려운 일을 요령 없이 시작하였거든 어른이 손수 대신하여 이루어 주는 것도 좋으니, 이는 일에 어렵고 수고로움을 참고 나아가는 지기를 길러 줌이오.

아이들은 이야기를 좋아하나니, 옛 사람이나 혹 이 세상 일을 들어 이야기할 경우에는 죄에 빠지게 하거나 마음을 슬프게 하거나 무서운 이야기는 도무지 하지 말고, 아무쪼록 기운을 일으키고 심지를 굳게 할 재료로 흥미 있게 하여 듣는 아이로 좋은 감상을 얻게 함이 옳으니라.

상벌賞罰의 분명

사람의 습관은 포대기적부터 시작되나니, 그러므로 아이의 일언一言일동一動을 어리다고 범연히 여김은 옳지 아니하니, 부모된 자가 항상 주의하여 상벌의 적당한 방법을 쓸지라. 아이를 과히 치켜세워 준즉 교만하여 정당히 진취할 소망이 막히고, 과히 엄한즉 기운이 저상沮喪(풀이 죽음)하여 항상 의심하고 무서운 가운데 지내다가 나중에는 마음이 변하여 악독한 아이를 이루나니, 상벌의 법은 아무쪼록 너그럽고 공평하며 법을 엄히 지켜서 아이로 하여금 부모의 뜻을 분명히 알게 할 것이요, 만일 상벌 간에 한번 말한 것을 지키지 아니하면 아이에게 신용을 잃어버리리니, 그 아이가 제 부모를 믿지 못하게 되면 뉘 말을 믿겠느뇨. 그런즉 옳지 못한 일을 행하고도 그 마음에 어찌 기탄이 있으리오.

꾀 있는 아이가 부모의 노여움을 풀려고 거짓말이나 아당阿黨(알랑거림)하는 말로 부모 앞에서 재롱같이 하는 일이 있으니, 이것은 아이의 악습이라. 조금도 용서하지 말고 곧 징계하여 고치게 할 것이요, 여간 조그마한 허물은 참았다가 좀 더 자라거든 차차 고치게 함도 좋으며, 잘하는 일은 비록 조그마한 것이라도 포장하여 흥미를 내게 할 것이요, 만일 이르는 말을 듣고 한 허물을 고치거든 곧 적당한 상품을 주어 권장할지니라.

가정의 계칙戒則

☞속임을 경계함.

자녀를 교육함은 성실이 제일이라. 그러나 사람들이 이따금 적은 일에 잠시 속이는 것은 관계치 않게 생각하나니, 가령 병이 있어 약을 권할 때에 쓴 물건을 달다 하며, 우는 아이를 달랠 때에 이 물건은 너 줄 것이라 하고 나중에는 아니 주며, 이외에도 여러 가지 거짓된 말과 일이 허다하니, 어린 아이를 이런 악한 습관으로 기르고서야 어찌 자라서 신의 있는 좋은 인물이 되기를 바랄 수 있으리오.

☞위협을 경계함.

부모가 자녀를 위협하여 자기 명령을 억지로 좇게 함은 거의 가정마다 있는 습관이니, 이는 불가불 급히 고칠 것이라. 어린 아이가 명령을 좇지 아니할 때에 사람들이 혹 빈방에 가두고 여러 가지 말로 위협하거나 몹시 때려서 아이가 기어이 복종케 하고, 스스로 생각하기를 아이 교육하기에는 이것이 적당한 방법이라 하나니 심히 옳지 못하도다. 대저 벌주는 뜻은 아이의 그른 마음을 고치고 내 명령을 기쁨으로 좇게 함이라. 이같이 하려면 부득불 첫째는 내 명령이 옳아야 할 것이요, 둘째는 아이가 견디기 어려운 벌은 행하지 말아야 할 것이요, 셋째는 행한다 하는 벌은 반드시 행하여야 할 것이요, 또 벌 줄 때에 분심을 품지 말지니, 이는 사람이 분날 때에는 과도한 벌을 주기 쉬움이라.

☞보복을 경계함.

원수 갚는 일로 아이를 가르치지 말지니, 가령 아이가 땅에 엎어지거나 기둥에 부딪칠 때에는 어른이 땅을 꾸짖거나 기둥을 때려서 그 마음을 위로함은 항다반恒茶飯(예사로운 일) 행하는 일이라. 아이의 원수 갚는 생각이 이런 데서 생겨서 자란 후에는 자기를 상하게 하거나 꾸짖는 사람에게 보복하고야 말지니, 사람마다 서로 보복하고야 말

것 같으면 그 나중은 어찌 되겠느뇨. 부모된 자가 불가불 주의할지니라.

☞무섭게 함을 경계함.

장성한 사람이 나약하고 겁 많음은 어려서 부모가 자기 말을 순종케 하려고 도깨비니 호랑이니 고양이니 하고 무슨 물건을 쳐서 소리를 내어 아이로 하여금 놀라고 무서워서 좇게 하는 일로 말미암음이 많으니, 대개 아이는 어른의 말을 잘 믿는지라. 평거平居(평상시)에 기회가 있는 대로 항상 영웅의 호걸스러운 일과 기상을 들어 말하고, 귀신 요괴는 족히 두려울 바 아님을 알게 한즉 나약한 자가 변하여 담대하여질 것이오. 아이가 몸이 조금 상한 때에 어른이 너무 불쌍히 여기는 기색을 보이면 그 심지가 허약하여져서 장래에 어렵고 괴로운 일을 견디지 못하리니, 마땅히 그 참고 굳센 성정을 일으키게 하고, 다만 달래고 어루만져서 부르짖으며 울게만 함은 대단히 옳지 아니하며, 더욱이 여자는 천성이 부드럽고 약하거늘, 만일 겁내고 나약한 일을 더 가르치면 장래에 어렵고 큰 일을 당할 때에는 어찌할 줄 알지 못하고 다만 앉아 울 뿐일 터이니, 부모된 자여 어찌 힘쓰고 삼가지 아니하리오.

☞시기를 예방함.

부모가 자기 자녀 중에 형은 양순하며 재주 있고, 아우는 못나고 말썽스럽다 하여 둘의 우열을 현연顯然(눈에 보이도록 뚜렷하게)히 분간하거나, 혹 한 아이를 편애하여 다른 아이로 하여금 그 아이의 행동을 본받게 하고자 하면, 그 결과는 나의 바라는 바와 아주 다르고 형제자매간에 애정이 없어지며, 시기와 분쟁이 일어나리니, 부모된 자는 범사에 편애하는 마음을 조금도 두지 말지니라.

☞망령된 말을 경계함.

몇 사람이 서로 모여서 담화할 때에는 무망중無妄中(별 생각 없는 중)에 희롱의 말과 누추한 언사가 나오기 쉽고, 유모나 하인들에게 그런 행습이 더욱 많아서 아이의 이목을 더럽히고 물들이기 쉬우니, 부모 된 자가 항상 삼가서 하인들을 경계할지니라.

☞금하는 영令을 삼감.

아이들이 유희할 때에 즐거워 뛰놀고 소리지름이 과도할지라도 공연히 금지치 말지니, 만일 그 즐거워하는 일을 힘써 막으면 상심하는 빛이 얼굴에 나타나서 어떤 때는 오랫동안을 근심으로 지내고, 또 잠시 순종하다가도 그 하고자 하는 일과 달리 변하여 왕왕 뜻밖의 일을 저지르나니, 부모된 자는 마땅히 살펴보아서 아이의 장난이 실상 그릇된 것이 아니거든 금지치 말며, 불가불 금지할 일이라도 온화한 말로 조용히 말할 것이요, 또 곧 다른 장난거리를 주어 금한 바 일을 대신함도 좋으니라.

☞인애仁愛가 미물微物에 미치게 함.

아이가 무슨 벌레나 새 짐승을 가지고 놀 때에 혹 날개도 떼고 다리도 부러뜨리는데, 그 아파하고 소리지르는 것을 보매 측은히 여기는 마음이 없을 뿐 아니라 도리어 재미있게 보며, 또 나뭇가지나 풀포기에서 싹 나오는 것을 손으로 잘라 버리나니, 이는 아무리 아이의 뇌력이 발달치 못하여 깨닫지 못하는 가운데 행함이라도 이런 행습을 그대로 기르면 장성하여 필경 흉악하고 잔인한 사람을 이루기 쉬우니, 부모된 자는 항상 이런 일을 보는 대로 금하고 일러서 어릴 때부터 미물 사랑하는 마음을 길러 줄지니라.

☞자비를 베풂.

아이가 어미의 분내고 꾸짖는 소리를 들을 때에 곧 두려워서 하는 일을 그치나, 그러나 꾸짖는 소리와 분내는 빛을 너무 자주 내면 아이가 점점 완악하여져서 다시는 가르칠 수가 없으리니, 어미된 자는 항상 온화한 빛과 경계하는 말로 알아듣도록 타일러서 진정으로 사랑하는 뜻을 보이면 그 효험이 꾸짖고 때리는 것보다 십 배 나을지니라.

학교에 보냄

학교에 아무리 선량한 교사와 서적이 있더라도 학생이 제 가정에서 보고 듣는 것이 학교에서 가르친 바와 상반이 되면 도무지 효험이 날 수 없나니, 부모된 자는 자녀의 연령이 학교에 보낼 만하거든 지체 말고 곧 보내되, 항상 그 반 교사와 연락하여 서로 의논하는 가운데 가정에서 무슨 방침으로 그 아이를 인도할 것인지를 정하여 학교와 가정이 서로 도와 나가면 그 아이는 능히 선량한 성품을 이룰 수 있느니라.

가법家法을 세움

첫째는 자기 수신修身

심덕心德을 기름

나라에 인민이 있고 임금이 있을지라도 법강法綱(법률과 기강)이 아니면 다스릴 수 없는 것같이, 집안 권구眷口(식구)가 사오 인 이상이 되면 부득불 일정한 법규를 세워야 상하 남녀의 질서가 문란치 않을 것이요, 사람마다 안녕과 화평을 누릴 것이니, 이는 주부 한 사람의 책임이라 참 중요하도다.

주부가 이런 중요한 책임을 갖고 한 집안을 다스릴 때에 먼저 그 심덕을 길러야 백사百事(모든 일)가 따라 화평한 가운데 성취될 것은 정한 이치라. 심덕을 기르려면 표준으로 삼아 본받을 이는 오직 하나님이시니, 하나님이 인애仁愛하사 만물을 지은 때부터 오늘날까지 빛과 비를 주어 기르시며 보호하시고, 또 자기가 옳으시므로 악을 미워하시며 선과 의로써 인류를 가르치시고 지도하시니, 이를 사모하는 가운데 항상 내 마음을 살펴 바르게 하여 권구眷口(식구) 중 한 사람에게라도 혹 나의 은정恩情이 미치지 못하는지, 무슨 일을 처리하든지 혹 나의 생각이 화평한 방법을 좇지 아니하는지, 또 나의 선과 의가 어찌하여야 하나님을 기쁘시게 하고 온 집안에 용서하는 덕으로 모범이 될까 생각하여 한 가지씩 깨닫게 행하며, 또 쉬지 않고 기도하는 가운데 능히 그 목적을 달할 수 있으리니, 이런 사람의 나중은 제 당대 뿐 아니라 여러 대를 내려가도록 화평한 가법을 지켜 하나님의 복이 그 집에 임하리로다.

언어와 행동과 몸가짐을 닦음

언어로 말하면, 어른과 동배同輩에게는 물론 공경을 주장하려니와, 수하 사람에게라도 아무쪼록 후한 어법을 써서 남의 마음을 기쁘게 한다. 도무지 야박한 어훈語訓(말과 가르침)이나 망령된 말은 입밖에 내지도 말 것이며, 또 말할 때에나 편지하는 가운데 어려운 한문 문자를 써서 남이 알아듣기 어렵게 함은 내 유식함을 자랑하는 것 같아서 현숙한 부인의 태도가 아닌 것이다.

평일에는 아무쪼록 침묵하여 어느 때든지 말을 적게 함이 제일 좋으니, 말이 적으면 실수가 적은 법이다. 또 드물게 말하면 말에 힘이 있으니, 이는 사람을 다스리는 지위에 있는 자에게 더욱 필요한 것이다. 또 결단코 남의 단점을 깎아내려 험담하지 말아야 한다. 남을 험담하는 험담으로 네가 도로 받으리라 함이 성경에 적혀 있을 뿐 아니라, 남을 헐뜯기를 잘하는 사람은 남에게 대접을 못 받기 때문이다.

행동으로 말하면, 느리고 게으른 것은 우리 일상 생활에서 도무지 허락치 못할 일이다. 그러므로 모든 행동에 아무쪼록 활발하려고 노력하여 오늘 할 일을 공연히 내일로 미루지 말고, 일의 발생함을 따라 한두 번 생각한 후에 즉시 행동에 옮기도록 하라. 그러나 단지 조심할 것은 혹 나의 행동이 너무 경솔하여 일을 그릇칠까 하고 늘 조심하면, 나의 허물이 적지 않게 줄어들 수 있을 것이다.

주부의 직무 중에서 가장 요긴한 것은 집안 사람에게 아침과 저녁밥을 대접하는 일이다. 물론 시부모나 가장의 반찬 등은 친히 맛보고 극진히 살펴서 대충 지나지 못할 것이지만, 온 집안의 식구들이 먹는 것이라도 일체 감독하여 한 사람의 딱한 처지라도 아니 돌아보는 일이 없도록 해야 할 것이다. 예를 갖추어 옷을 입는 것에 대하여 말하자면, 내 식구들이 입는 것은 내가 돌아보아 옷을 만들고 빨고 깁는 모든 일을 모두 손수하여 내 손에서 아니 되는 일이 없게 해야 한다. 만일 내 힘에 힘든 일이면 하인도 시키고 값도 주겠지만, 할 수만 있거든 나는 놀고 앉아서 남을 시키는 일은 도무지 행해서는 안 될 것이다.

또 혹 봄이나 여름 같은 따뜻한 일기에는 몸이 노곤하여 졸음이 오더라도 낮잠을 자서는 안된다. 이는 내게 게으른 버릇이 생길까 염려됨이요, 또 집안 사람에게 좋지 못한 모범이 될까 염려되기 때문이다. 집안을 다스리는 가운데 몸이 늘 바쁘겠지만 가끔 여가를 내어 학문있는 친구를 방문하여 고상하고 담박한 이야기로 대화하든지, 화창한 일기에 두어 가족과 같이 아름다운 경치를 찾아가 산보하여 유쾌한 마음을 기르도록 하라. 그러면 아침 저녁으로 골몰한 가운데 집 속에 틀어박혀 우울하던 원기가 맑아서 위생에 매우 유익할 것이다. 뿐만 아니라 원기가 맑아진 후 일에 착수하면 참신한 생각이 많이 생길 것이다.

일찍 일어나는 습관을 지켜야 한다. 도회지에서 성장한 사람은 흔히 늦게 자고 늦게 일어나니 위생에도 매우 해로울 뿐 아니라 모든 일이 따라 늦어져서 여러 가지 폐해가 생기게 된다. 아무쪼록 일정한 시간을 정하여 온 집안 사람이 다 정해진 시간에 취침하고 일어나게 하되, 될 수 있는 대로 사람마다 7-8시간 동안은 자게 해야 한다. 일어나고 자는 시간을 지키는 가운데 어느 누가 무슨 핑계가 있든지 특별한 사고 외에는 도무지 용서하지 말고 끝끝내 지키도록 하라. 그러면 오랜 후에는 이로 말미암은 여러 가지 이익을 볼 수 있을 것이니, 힘써 행하도록 하라.

골패, 화투 등을 가리켜 속된 말로 노름이라 하니, 곧 노는 것이란 뜻이다. 이것은 한가한 노인이 이따금 시간을 보내기 위해 한두 번 하는 것이다. 집안에 주부가 되어 이런 것들을 들고 앉았다면, 첫째는 집안 법도가 있는 현숙한 부인의 태도가 아니요, 둘째는 일을 아니하고 세월을 허송하는 모양이 나타나고, 셋째는 자녀들에게 아름답지 못한 모범을 끼칠까 염려가 된다. 그러므로 이런 물건은 도무지 집안에 두지도 말아야 한다.

근래 신소설이 다수히 출판되어 젊은이나 늙은이는 물론이고 일 없는 사람들이 많이 보고 있다. 대개 그런 소설들은 음담패설이 많아서 본래는 아무리 권선징악하는 뜻으로 만들었다 해도 보는 사람들에게는 그 주제의 감화시키는 효험이 적고, 그 재미있는 이야기와 음탕한 어법이 사람의 마음을 흔들기 쉽다. 여름낮 과 겨울밤이 아무리 길어도 집안에 할 일이 많으니, 그런 물건은 다 골라서 도배를 하는데 사용하거나 종이 만드는 공장으로 보내는 것이 합당하다.

몸가짐에 대해 말하자면, 부인의 몸가짐은 단정하고 정결함이 제일이다. 의복은 모시의 베와 명주라도 자주 빨아서 더럽지만 않으면 좋고, 머리를 빗고 세수를 하는 것은 날마다 깨끗하게 하여 머리와 용모에 조금도 산란한 태도가 없어야 좋다. 그런데 근일 청년 부녀자를 보면 머리에 기름을 바르고 얼굴에 분을 바르며 명주실로 만든 좋은 옷으로 몸을 찬란하게 꾸미고 대로상이나 사람이 많이 모인 곳에 부끄럼 없이 자랑삼아 나타나니, 이런 부녀야 어찌 점잖은 가정에 현숙한 태도라 할 수 있겠는가. 선은 행하기 어렵고 악은 물들기 쉬우니, 항상 내 몸을 돌아보아 의복이나 장식에 한가지 사치품이라도 도무지 가까이 하지 말아야 한다.

집안 사람을 거느릴 때에 나의 안색은 항상 화평한 표정을 지어야 한다. 비유하건대 태양이 땅에 비추면 온갖 초목이 기쁨으로 양기를 받아 꽃과 열매를 맺거니와, 만일 일기가 음랭하고 안개가 침침하면 만물에 빛이 없고 다 수심 중에 쌓인 것 같다고 할 수 있겠다. 이와 마찬가지로 주부의 얼굴에 노여움을 띠든지 근심하는 빛을 보이면, 온 집안 훈훈한 분위기가 당장에 변하여 근심 구름이 뭇사람을 덮으리니, 어찌 삼가고 경계할 바가 아니겠는가. 남의 윗사람이 되어서는 노여움이나 기쁨 한 가지라도 자기 성질과 감정에 맡기어 자유로 나타내지 못하니, 내 안색의 영향이 여러 사람에게 미치는 바가 너무 빠르고 크기 때문이다. 이로 보건대 주부의 지위는 남을 거느리는 자가 아니요, 실상은 섬기는 자라 할 것이다. 무슨 일에든지 노여움을 내어도 남에게 유익케 하려 함이요, 기쁨을 일으켜도 남에게 유익하게 하려 함이니, 나의 용모를 모든 일에 어찌 주의를 기울이지 않고 나타낼 수 있겠는가. 그러므로 아무 때든지 이유없이 한숨을 쉬거나 손으로 턱을 괴고 실망한 모양을 짓지 말아야 한다. 또 혹 불평한 일을 보거든 엄정한 안색으로 사리에 맞게 처리할 것이다. 결코 곁눈으로 흘겨보거나 뒤에서 수군거리는 일을 해서는 안 될 것이다.

모든 구기拘忌(좋지 않게 여겨 피하거나 꺼림)를 폐지함

구기는 예부터 미신으로 말미암아 생긴 것이다. 오늘날 아무리 점잖고 진실한 교인이라도 한두 가지 구기 아니하는 집이 없으니, 이는 옛 습관이 사람의 뇌에 깊이 박혀서 금방 빼어버리지 못하기 때문이다. 이제 한두 가지 예를 말해보자. 친척 간에 누가 죽었다는 말을 들으면, 왼소리(사람이 죽었다는 소문) 들었다 하고 하던 바느질이나 다듬질을 그친다. 그러면 죽은 자의 부정이 전하는 소리에 묻어왔겠는가. 또 음력 정월 초생에는 재정바르다하여 여인은 남의 집에 들어가지 아니하니, 정월이 다른 달과 마찬가지인데 왜 정월 초생때만 재정바르겠는가. 생각하여 보면 그 어리석음을 깨달을 수 있을 것이다.

사람의 집안마다 장사와 혼인에 길한 날을 택하는데, 아무 날이나 정하여 일을 잘 치렀으면 그것이 곧 길한 날이 아니겠는가. 부질없이 점쟁이의 말을 좇아 갑자니 을축이니 따져서 어느 날은 길하고 어느 날은 흉하다 하여 아무리 일에 낭패가 되더라도 일자가 길하면 그날로 정하니, 이것이 참 미신이라 할 만하다. 그러나 장사와 혼인은 큰 일이라 모든 일에 예비하기 위해서도 날짜를 잘 정할 만하다. 그러나습관으로 말미암아 일어나는 폐단을 보건대, 구기에 심한 사람은 급한 길을 떠나더라도 길한 날이 아니면 떠나지 아니하고, 또 옷을 만들 때와 손톱깎는 때까지도 정한 일자가 있을 정도이다. 그래서 스스로 나의 행동을 자유롭게 하지 못하고 온전히

◎ 예부터 내려오는 세시풍속 중 정월 초하루에 금기시 되는 것들이 몇가지 전해지고 있다. 특히 출입과 만남에 대하여 관계된 것들이 있는데 새해 첫 날에 외출하여 봉변을 당하면 한 해동안 운수가 좋지 않다고 여겼기 때문이다. 그 중 정월 초하루에 여자를 보면 재수가 없다고 하여 여자들의 외출이 금기시 되는 풍속이 있었다. 여기에서의 '재정바르다'의 정확한 사전적 의미를 알 수 없지만 문맥상 '운수가 나쁘다'로 볼 수 있다.

점쟁이에게 맡기고 있으니 세상 사람이여, 어찌 그리 어리석은가.

〈교육월보〉

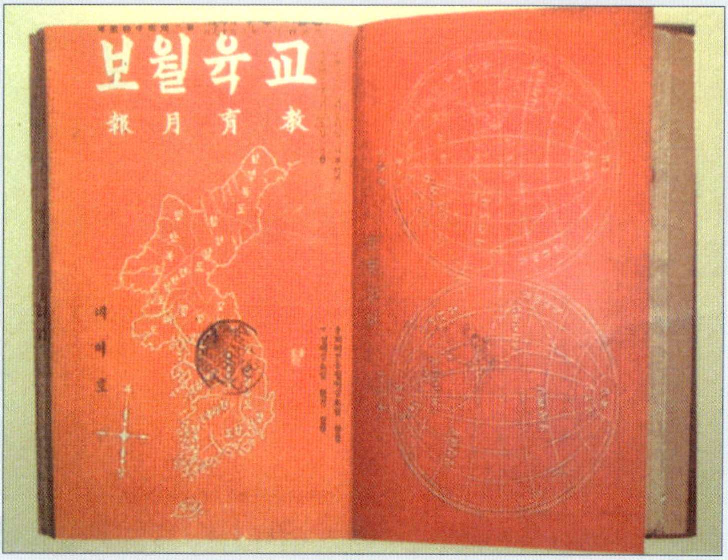

남궁억은 1906년 강원도 양양 군수로 부임하면서 "국권 갱생의 길은 오직 교육 밖에 없다"는 그의 뜻에 맞게 본격적으로 교육운동에 나섰다. 그가 처음으로 창설한 현산학교峴山學校는 중등학교 과정으로 신학문 교육에 힘쓰고자 했으나 유학儒學을 최고의 학문으로 여겼던 학부모들에 의해 아이들의 입학이 거부되기도 하였다. 결국 한 가정당 한 아이를 의무적으로 입학시키도록 하여 200명을 모아 입학식을 열었다. 이후 1907년 양양 군수직을 사임하고 서울에 올라와서 이듬해인 1908년 6월 동지들과 함께 순 한글로 〈교육월보〉를 간행하였다. 일종의 통신강의록인 〈교육월보〉를 통하여 학교 밖에서도 신학문을 공부할 수 있도록 하였다. 〈교육월보〉는 매 호 60여 쪽의 분량으로 펴냈으나 다섯 달 만에 종간되었다.

*이 장에서는 〈교육월보〉의 취지서를 소개한다.

취지서

나라가 흥하고 망하는 근인根因이 어디 있느냐 하면, 그 나라 안에 사는 인민이 지식이 있고 없는 데 있으며, 인민의 지식이 있고 없는 것은 어디 있느냐 하면, 교육이 발달되고 못 되는 데 있나니, 그러한즉 교육이라 하는 것은 나라를 문명케 하고 부강케 하는 큰 기관이라 하리로다.

대저 교육이라 하는 것은 이전에 우리 나라의 구식으로 하늘천 따지로부터 《동몽선습童蒙先習》과 《통감通鑑》, 《사략史略》이며 《오언당음五言唐音》, 《칠언당음七言唐音》 같은 글이나 배워서 기성명記姓名(겨우 이름이나 쓸 정도의 학식을 갖춤)이나 하든지, 귀句글(한시 등에서 두 마디가 한 덩이씩 되게 지은 글)이나 줄글(한문에서 구나 글자 수를 맞추지 아니하고 죽 잇따라 지은 글)짓기를 공부하여 과거나 보는 이런 학업을 가르치는 것이 아니라, 어려서부터 사람의 지식을 넓혀서 세상 모든 일을 다 알게 하고, 또 각각 그 지식을 다하여 농사의 일이나 장사의 일이나 물건을 제조하는 공업 같은 일에 편리하고 이익이 많도록 연구하여 자기가 몸소 행하기도 하고 사람을 가르치기도 할 뿐 아니라, 나라를 사랑하는 생각이 자기의 몸이나 집보다 더 중요케 하여 나 한 사람이 게을러서 일을 아니하면 전국이 빈궁하리라 하며, 나 한 사람이

◎ 《동몽선습童蒙先習》
조선 중종 때에 박세무朴世茂가 어린이를 위해 저술한 학습서. 《천자문》을 익힌 어린이들이 《소학》을 배우기 전에 공부하는 교과서로 널리 사용하였다.

◎ 《통감通鑑》
《자치통감資治通鑑》을 말함. 중국 송나라의 사마광이 펴낸 중국의 편년서로 19여년에 걸쳐 완성한 총 294권에 달하는 거대한 역사서이다.

◎ 《오언당음五言唐音》
《오언당음》은 당唐나라 시대의 대시인들의 오언절구五言絕句 시들을 이해하기 쉽게 증보, 해설한 책이며, 마찬가지로 《칠언당음》은 당나라 칠언절구七言絕句의 시를 대상으로 한 책이다.

행위를 잘못하여 외국인에게 욕을 당하면 전국 사람이 모두 당하는 것이라 하여 사람마다 이와 같이 하면 그 나라는 자연 문명 부강이 될 것이어늘, 우리 나라에는 어려서부터 오륙 년, 칠팔 년을 공부하였다는 사람이라도 그 가장 어려운 한문을 배우기 때문에 필경은 기 성명도 못하는 자가 무수하고, 공부를 잘하였다 하는 자이라도 시세의 형편이나 농공상의 업을 발달시키는 일은 꿈 밖으로 안즉, 나라를 사랑하는 일이야 더구나 한마디 들어도 보지 못하였으니, 어찌 나라 형편이 이 지경에 이르지 아니하리오.

저 문명한 나라 사람들은 육칠 세부터 십오 세까지 법률에 의지하여 학교의 공부를 아니 할 수 없고, 또 배우는 글이 다 자기 나라 국문이라 배우기도 용이하고, 그 공부하는 책은 사람의 일용 사물에 긴요한 과정이며, 또한 나라 사랑하는 정신을 마음 속에 박히도록 하는 고로, 육칠 세부터 십오 세까지만 공부하면, 큰 글은 못할지라도 각항各項(각가지) 치부置簿(금전이나 물건 따위가 들어오고 나감을 기록하는 장부)와 편지 왕복은 못하는 사람이 없고, 또한 나라를 사랑하는 마음이 굳어서 나라 일이라 하면 몸이 죽어도 기어코 사양치 아니하나니, 이같이 국가를 사랑 아니치 못하는 관계는 이 다음에 설명하려니와, 우리나라 교육에 제일 큰 폐단되는 것은 첫째, 한문만 숭상하고 국문을 우습게 아는 일이로다. 그 근인을 말하자면 이후에도 말하려니와 한문이라 하는 것은 곧 청국淸國 국문이라 우리나라 말과 그 글의 뜻이 달라서 배우기가 어렵고, 또한 그 글자 수효가 많아서 평생을 배워도 다 배우지 못하는 바인즉, 자품이 둔탁한 자는 아무리 오래 배워도 그 공부한 효력이 없고, 또 칠팔 년이나 십여 년의 경영이 없으면 당초에 그 자손을 입학시킬 생각도 둘 수 없는 고로, 글을 배우는 자가 백 명에 한두 명도 되지 못하니, 나라 인민이 이같이 무식하고 어찌 남의 노예 되기를 면하리오. 매양 유지有志한 자의 탄식하는 바이러니, 근래 본인 등이 각각 자본을 구취求取하여 한 회사를 조직하고, 이 책을 발간하여 무식한 동포들이 알아보기 쉽도록 각색 긴요한 한문만 뽑아서 다달이 한 권씩을 출판하되 이름은 〈교육월보〉라 하니, 비록 나무하는 아이와 무식한 부인이라도 첫 권부터 공부하면 삼사 삭朔(개월, 달)을 지나지 못하여 한문 공부를 십 년 한 것보다 백 배나 나을 것은 지각 있는 자를 기다리지 아니하고 가히 알지라.

무릇 학문이란 것은 이상한 것이 아니라 세계 형편부터 사농공상의 당연히 할 도리를 아는 것이 학문이니, 한문으로만 가르쳐야 알고 국문으로 가르치면 모르는 것이 아닌즉, 순연한 우리 나라 글자로도 법률, 정치, 교육, 식산, 물리, 화학, 역사, 지지地誌, 산술 등 각종 학문을 못 가르칠 바가 없으며, 못 배울 바 없고, 배우면 그대로 시행치 못할 바가 없은즉, 배우지 못한 우리 이천만 동포로 하여금 매 삭에 한 권씩 사서 아침 저녁 노는 겨를과, 일하다가 쉬는 때와, 심지어 화륜차火輪車(기차), 화륜선火輪船(증기선)을 타고 다닐 때라도 놀고 잠자지 말고 열람하면, 전국 동포가 모두 큰 학자가 될 것은 정한 일이니, 그렇게 되면 거의 무너진 우리 대한 큰 집을 바로잡아 남의 압제를 면하고, 자주 독립을 회복하여 세계에서 동등 대접을 받기가 어렵지 아니할 줄로 믿고 믿노니, 동포들은 힘쓸지어다.

〈교육월보〉 제1호 (1908년)

《조선문법》

《조선문법》(1947)은 《조선어법》(1913)의 필사본이다. 1913년 경에 갱지에 궁체로 쓴 초고라고 하며 현재는 〈향사鄕士〉지 제4호(1947)에 최영해崔暎海에 의하여 게재되었던 원문만이 전해지고 있다. 이 책에 "1447년 (지금부터 466년 전)"이라고 기록된 점으로 보아 1913년에 저술한 것으로 보고 있으며, 이 당시 남궁 억은 배화학당 교사로 있던 시기였다. 국어를 통하여 민족적 정신을 고양하고자 쓰여진 것으로 평가되며, 영어 문법을 바탕으로 품사별로 나뉘어 구성하였다. 그가 나눈 9품사에는 토, 접속사, 후치사後置詞를 언급하였는데, 이 세 품사는 한국 문법에서 처음으로 등장한 것이다. 하지만 1913년에 쓰여진 《조선어법》의 원문은 전해지지 않고 있으며 해방 후 실린 이 《조선문법》이 전해지고 있을 뿐이다. 또한 찢어져 없어진 제9절 후치사와 제10절 감탄사는 자료의 소실로 복원되지 못하고 있다.

*이 장에서는 《조선문법》의 범례의 일부만을 발췌하여 소개한다.

범례

대저 조선 문법은 조선 글로 조선 말을 기록한 것이라. 무슨 설명을 하든지 법례를 베풀 때에 다 조선 글로 기록함이 마땅하거늘 근래 조선 문전이나 어전語典을 지은 자가 흔히 한문을 섞어 썼으니, 이는 근본을 잊어버린 누습이라 할 만한지라. 그러므로 이 조선 문법은 순전히 조선 글로 써서 세속의 그릇됨을 바로잡고자 하노라.

대저 무슨 사詞든지 먼저 그 쓰는 법을 설명하고 그 아래 의례히 법례를 베풀었는데, 간혹 법례의 많음이 십여 종류에까지 이르렀으니, 이는 너무 번거할 듯하나 예부터 우리 풍속이 우리 글은 천히 여기고 남의 한문은 귀히 여겨서 비록 문학이 넉넉한 자라도 조선 문법에 조금 알삽한(문장이 잘 통하지 않아 알기 힘든) 말은 법례를 많이 베풀어 깨닫기 쉽게 하였으니 보시는 이는 짐작할지어다.

(하략)

《조선이야기》와 《조선최근사》

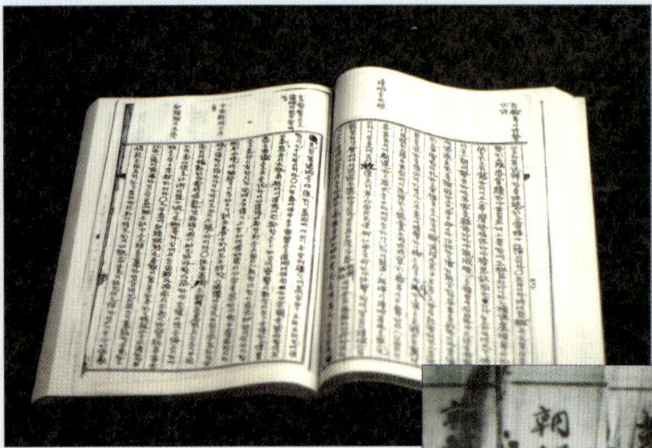

◎《조선이야기》

1929년 4월 남궁억은 총 5권 1,290페이지에 달하는 역사책, 《조선이야기》를 저술하였다. 이에 앞서 1924년 겨울에는 총 4권으로 이루어진 《동사략》을 저술하기도 하였다. 아이들을 위하여 이야기체로 구성되어 있지만 한자와 어려운 문체로 아이들에게는 읽기 어려운 구성으로 되어 있다. 《조선이야기》는 20여 부를 복사하여 비밀리에 배포시킨 것으로 알려져 있다. 이후 3.1운동과 독립운동에 대한 서술이 담겨 있는 제5권은 딸 남궁숙경의 부탁으로 유달영에 의해 필사되어 《조선최근사》라는 제목으로 다시금 세상에 소개되었다. 현재 《조선최근사》는 서강대학교에 소장되어 있다.

*이 장에서는 《조선이야기》 자서와 《조선최근사》 일부를 발췌하여 수록하였다.

《조선이야기》자서自序

근계謹稽컨대 아동我東의 재적이 조早히 당요唐堯와 병시幷時하여 계고稽古의 자資가 연면부절延綿不絶하여 영성민멸零星泯滅의 탄嘆을 능면能免하더니 우리 이조 조선에 이르러서는 열성列聖의 숭유장학崇儒獎學하신 효과로 전기한장傳紀翰章의 속屬이 한우충동汗牛充棟하였으니 저현著顯한 그 적績은 참 의여성재猗與盛哉로다.

연然이나 일대유감一大遺憾인 것을 피사가彼史家로 저명한 김부식, 권근, 서거정 배輩가 하도 모화주의에 편경偏傾하여 그 기사로 논論의 지취志趣를 관觀컨대 자국自國은 이적夷狄으로 자처하고 중화中華를 복종하여 고래古來로 우리 단군족의 고유한 재기와 성격의 웅장발월雄壯發越함은 말살부진抹殺不振케 하니 명호비부嗚呼悲夫로다. 연즉然則 오늘 아동의 교편을 집執한 우리들의 의무는 여하如何라야 기가其可할가 사부득이思不得已하여 이제 조선이야기라는 동화 1편을 찬술纂述하오니 기제其制는 수삼數三의 이유가 있는데

단군족의 고유한 재질을 수복修復코자 함이오.

고인古人의 모화주의의 오견誤見을 타개코자 함이오.

학동의 자국 역사적 취미를 홍기興起코자 함이라.

개차槪此 찬술은 각국의 정속正俗에 의하여 인물을 수삼부數三部에 구분하였으니 (1) 군왕부, (2) 정치부, (3) 문예부, (4) 절의부라 약기연대若其年代를 추고推考하려면 편수篇首에 기년표紀年表가 자유하거니와 대저 고사古史는 기사가 태간太簡하여 남자覽者의 취미를 기起키 난難하고

만일 근세의 동화체를 순용純用하여 어의語義가 번잡하면 고사古事의 진경眞境을 실失할까 위려爲慮하므로 절충이술折衷而術하오니 유망有望컨대 유지군자有志君子는 서량채용恕諒採用하시오.

《조선이야기》 자서 쉬운말 풀이

삼가 상고하건데, 우리나라의 서책이 일찍이 중국 요나라와 시대를 나란히 하여 옛일을 고찰하면 그 바탕이 끊어짐 없이 계속되어 보잘것 없이 스러지는 한탄을 능히 면하더니, 우리 이조 조선에 이르러서는 임금들이 유교를 숭상하고 배움을 장려하신 효과로 왕조와 나라의 역사적 기록이 엄청난 양이니 눈에 보이는 그 공적은 참 성대하도다.

그러나 큰 유감인 것은 그 역사가로 저명한 김부식, 권근, 서거정의 무리가 중국의 것을 따르는 데 치우쳐 그 기록한 사실로 논하는 바의 뜻과 취지를 보건대, 자국은 오랑캐로 자처하고 중국을 복종하여 옛날부터 지금까지 우리 단군족의 고유한 재기와 성격의 웅장하고 깨끗함은 말살하여 떨치지 못하게 하니, 오호, 슬프도다.

그런즉 우리나라의 교편을 잡는 우리들의 의무는 어떠해야 할까 부득이 생각하여 이제 조선이야기라는 동화 1편을 편찬하오니, 그 편찬에는 세 가지 이유가 있는데,

단군족의 고유한 자질을 회복코자 함이오,

옛 사람들의 중국 모화주의를 깨뜨리고자 함이오,

배우는 아이들의 역사에 대한 취미를 일으키고자 함이오.

대개 이 찬술은 각국의 일반적 기준에 의하여 인물을 네 부분으로 구분하였으니 (1) 군왕부, (2) 정치부, (3) 문예부, (4) 절의부라. 만약 그 연대를 추측하여 보려면 첫머리에 연표가 있거니와 대저 옛 역사는 사실 기록이 매우 간단하여 보는 이의 취미를 일으키기 어렵고, 만일 근세의 동화체를 순수하게 사용하여 말뜻이 번잡하면 옛 역사의 실제모습을 잃을까 염려되므로 절충하여 기술하오니, 바라건대 뜻있는 군자들은 헤아려 사용하시오.

《조선최근사》

머리말

이 책은 고故 남궁억 선생의 《조선이야기》 중에서 제5권을 등사謄寫한 것이다. 남궁억 선생은 월남 이상재 선생, 남강 이승훈 선생들과 아울러 한말의 진정한 우국지사로서 선생의 높으신 지조와 인격은 우리 겨레가 우러러 배우기에 족한 것으로 나는 믿는다. 선생은 한 많은 한말에 있어서 무너져가는 조국을 건지고자 싸우시며 비참한 사실을 몸소 겪어오신 피의 기록이다. 우리는 선철先哲이 이른 바를 운위云謂(일러 말함)할 것도 없이, 먼저 우리 자신을 분명히 알아야 할 것이다.

나라가 망한 후에 선생은 조국의 희망을 영육英育에 두시고 고향인 홍천 모곡에 돌아가시어 학원學園을 경영하시었다. 극심한 일본 경찰의 감시 아래 제자들을 내실 골방에 불러 모으시고 조국의 역사를 강술하여 필기시키시어 오늘에 보전되어 온 것이 이것이다. 정사正史로는 《동사東史》《동사략東史略》전 4권이 있고, 특히 청소년을 위하여 쉽게 강술하신 것이 이 《조선최근사》이다.

이 기록이 오늘까지 보전되기는 실로 눈물겨운 것이었다. 선생의 따님 숙경 노인은 경찰들의 빈번한 가택 수색을 당할 때마다 불 속에 화약을 지님 같은 심정으로 입은 옷 속에 넣어 몸에 차고서 오늘에 이르렀다는 것이다. 지난 8월 15일 일본이 연합국에 무조건 항복을 발표하여 조국이 비로소 해방의 서광을 얻은 날, 경숙 노인은 무한한 감격으로 이 기록을 가지시고 몸소 나의 집을 찾아 주셨다. 진실한 조선 사람에게 전하고 전하야 이 기록을 보전하라시는 선친의 뜻에 의하여 이것을 주신다는 것이었다.

이것을 받은 나는 하루라도 속히 출판코자 미력을 다하였으나 용지, 인쇄 등 모두 마음대로 되지는 않았다. 《동사東史》와 《조선이야기》를 통독하는 중 최근사의 부분이 사료로서 그 가치가 클 뿐 아니라, 일본인들이 자기들의 죄악을 감추고자 극력 말살하여 완전히 암흑 속에 들어있는 최근사를 긴급히 드러내어 천추에 다시 없을 이 건국 초에 우리 겨레의 뼛속에 사무치는 가르침으로 하고자 제5권을 먼저 착수한 것이다. 등사를 개성등사당에 부탁하였더니, 8월 중순의 찌는 더위에 친고親故(친구)들과 밤낮을 이어 원지原紙를 쓰고 등사하여 지성껏 된 것이 이것이다.

우리는 무엇보다도 먼저 지난날 우리 겨레가 나라를 그르친 원인을 밝히어 조국의 키를 바로잡음으로 앞날의 역사의 빛나는 전개에 최선을 다할 것이다.

겨레야, 오늘에 생을 받은 우리가 아니냐.

이 책이 이루어지기까지의 유래를 간략히 적어 머리말로 하노라.

1945년 8월 송도에서 성천 유달영

한일합방

경술 융희 4년[일본 메이지 43년, 서력 1910년] 8월 29일에 일본의 한국 통감 데라우치 마사타케寺內正毅와 우리나라의 총리대신 이완용李完用이 7조약을 체결하여 일한합방을 발포發布하다.

전前 통감 이토 히로부미伊藤博文는 회유수단에 능한 자라. 자국에서 팔방미인의 품평品評을 듣더니, 통감으로 한국 통치의 사업을 진행할 때 아무쪼록 한국 조야朝野(조정과 민간)의 환심을 먼저 얻어 멸한滅韓의 내정內情에 대한 반대론이 격기激起(세차게 일어남)치 못하게 하였었다. 일본 정당들은 이를 용렬한 정책이라 하여 박론駁論(논박)이 자자하다가, 이토가 하얼빈에서 암살을 당하매, 그 국론이 더욱 대차게 부딪혀 일편성一偏性 무단파武斷派인 무관 데라우치 마사타케를 보내어 그 근본적 주의인 합방을 이룰 때, 데라우치가 한국으로 들어온 때에 정부 주권을 잡고 있던 이완용과 송병준으로부터 결의하고 한국과 일본인 소유의 신문과 잡지를 일절 권매勸買(사기를 권함)하여 사람들의 입을 모두 다물게 하니, 그 권매자勸買者를 대략 기록컨대 황성신문, 제국신문, 독립신문, 및 다른 일본인 소유의 신보 등이요, 또 민회民會를 정부 명령으로 해산하여 정객의 언론을 방지하였으니, 그 해산된 자는 대한협회와 서북 · 기호 및 관동학회로라. 이날에 총리대신 이완용은 사천년 자주국가의 역사가 빛나는 자국 대한을 수만 원의 금전에 팔아 일본에 봉정奉呈(받들어 드림) 하고 일본 통감 데라우치 마사타케와 7조약을 다음과 같이 체결하였으니,

1. 한국 황제폐하는 한국 정부의 통치권을 완전 영구히 일본 황제폐하께 양여讓與(보상 없이 자신의 소유를 넘김)한다.
2. 일본 황제폐하는 이를 수락하며, 또한 한국을 일본에 병합함을 승낙한다.
3. 일본 황제폐하는 한국 황실에 대하여 상당한 존칭, 위엄 및 명예를 향유케 하며, 또 이를 보지保持함에 충분한 세비歲費(수당 및 경비)를 공급한다.
4. 한국 황족에게 대하여 상당의 명예 및 대우를 향유케 하며 더불어 필요한 자금을 공급한다.
5. 훈공勳功이 있는 한인에게 대하여 영작榮爵(영예로운 작위)과 은금恩金(연금)을 수여한다.
6. 일본 정부는 한국의 시정을 담임하여 한인의 신체와 재산에 대하여 충분한 보증을 주며, 또한 그 복리의 증진을 도모한다.
7. 한인을 일본제국 관리로 등용한다.

위 조약에 서명 날인한 자는 총리대신 이완용李完用, 내무대신 임선준任善準, 탁지부대신 고영희高永喜, 군부대신 이병무李秉武, 법부대신 조중응趙重應, 학부대신 이재곤李載崑, 농부대신 송병준宋秉畯이니, 즉 세상이 소위 말하는 7적이라. 완용 등은 또 한황韓皇께 주청하여 합방에 대한 조칙을 내려 거국신민擧國臣民에게 고하니, 국내 인심이 크게 격분하여 백주 대로에서 통곡하며 분노하는 자가 곳곳에 모두 그러하니, 눈에 보이는 비참한 상황은 밝은 날에 무광無光하고 수심 가득함이 첩첩하니 그 충성과 분함으로 할 수만 있으면 자기 생명을 생각지 않고 먼저 그 7적을 타살하고 다음에 일본을 격퇴하겠지만, 수중에는 촌철이 없고 집회는 일본 병순兵巡(군인과 경찰)의 방해로 3인 이상이 한곳에 회동치 못하게 하니, 다만 절규의 큰 소리로 '7적, 7적' 할 뿐이러라.

삼일운동

단군조선 4252년 기미己未[일본 다이쇼大正 8년, 서력 1919년] 3월 1일 조선에 미증유未曾有(지금까지 본적 없는)의 대시위운동이 일어나 조선의 독립기초가 우뚝 섰고 세계의 이목을 놀라게 하였다.

이 날에 수십만의 조선 경향京鄕(서울과 지방) 인사가 경성 시가 곳곳에 가득 찼으니 이는 이전해 11월 20일에 붕서崩逝하신 한황韓皇(고종, 1852-1919) 폐하의 국장 2일 전이라. 며칠 동안 궁정의 습의習儀(의식을 미리 익힘)를 대규모로 거행하매 지방 각처에서 대중이 군집하니, 이는 지난날 독립국가였던 한국의 황제폐하의 영결에 경의를 표하고자 함이라. 좁고 험한 시가에 인중人衆이 어찌 많고 복잡하던지 민가와 여관마다 틈이 하나도 없는 이 때에, 온 나라가 애통을 동감하여 수심이 가득함이 만목암담滿目暗澹(눈에 보이는 것이 모두 암담)한대, 가문의 검정색 조기弔旗를 뜻에 따라 높게 들고, 6, 7세 이상의 학교 아동들은 상복의 표를 매달고, 빈소를 봉어奉御한 덕수궁 문 앞에는 애도의 인사가 밤낮으로 끊임이 없더라.

◎ 고종은 1919년 1월 21일 (음력 1918년 12월 20일) 아침에 승하한 것으로 알려져 있다.

이날 미명未明에 별안간 수백 장의 경고문이 시가 벽 위에 붙여지고, 또 서남

성문西南城門 대로에서 떨어져 어떤 사람이 통고문을 군중 사이에 난발하는데, 그 글에 말하길, 어떤 이욕利慾에 매수된 역신逆信이 고종 황제폐하를 협박하여 한 장의 공문에 서명 날인함을 역청力請(강력히 요청)하되 폐하께서는 청종치 아니하셨으니, 그 표면적 의미는 한국이 일본정부 아래에서 아주 환희歡喜함을 느낀다 함인데, 사실 이 내용은 일본인이 이를 가지고 있다가 만일 한인이 파리강화회의에 참석권을 획득하는 경우에 이 문서를 제출하여 그 기운을 압도코자 함이라. 폐하께서는 기미를 알아 채시고 이를 거절하셨더니, 결국 참시慘弑(참혹한 시해)를 당하셨다 하였더라. 당시 한인은 그 글이 아니라도 고故 황제폐하의 붕서에 대하여 그 불시의 변고가 여러가지 의문을 야기하는 중이었는데, 그 글을 보고는 경악과 분노의 기운이 충천동지衝天動地(하늘을 찌르고 땅을 흔듦) 하더라.

◎ 파리강화회의
1919년 1월 18일 제1차 세계대전에서 승리한 27개국의 대표가 전후戰後 처리를 위하여 파리에서 개최한 회의이다. 이 회의에서 미국의 윌슨 대통령은 민족자결주의를 발표하였고, 한국은 김규식을 대표로 파견하여 일본의 침략과 한국의 독립을 호소하였다. 하지만 일본의 방해와 서구 열강의 소극적인 태도로 김규식은 본회의에 참석하지 못하고, 발언권 역시 얻지 못하였다.

같은 날 오전 10시경에 한 무리의 경관警官이 서문西門 내 야소교耶蘇教(예수교) 남학교에 돌입하여 그 전날의 학생출석부를 일일이 조사하고 교원마다 세밀히 조사하여 묻더니, 오후 1시경에는 경관 무리가 종로 청년회관에 생각지도 못하게 들어와 번번이 힐문詰問하고 모든 문필기구를 사채查採(조사 수집)하매, 당일의 경성 안 공기는 어찌 긴장되었던지 노목질후怒目疾吼(성난 눈과 목소리)로 죽음을 두려워하지 않는 기운을 띄었더라.

천만 몽상 외에 하늘 맑은 날에 벼락 일성이 비로소 청년회관 옆

탑동공원塔洞公園(현 탑골공원)에서 나오매 만중萬衆의 이목이 일시 한 곳으로 몰리니, 어떤 한 청년이 공원 정자 위에 올라가 대서특서한 한 장지張紙를 높이 들고 대성 낭독하매, 그 대지大旨(대의)는 그들이 서소옹축書宵顒祝(명주에 써서 축원)하던 대한독립의 선언이다. 그 대강의 뜻을 아래에 적는다.

오등吾等(우리)은 지금 우리 조선의 독립국임과 조선인은 자주민임을 선언하노라. 이로써 세계만방에 고告하여 인류 평등의 대의大義를 극명克明하며, 이로써 자손만대에 고하야 민족자존의 정권正權(정당한 권리)을 향유케 하노라.

반만 년 역사의 권위에 의하여 이를 선언함이며, 이천만 민중의 성충誠忠을 합하야 이를 포명佈明(사실을 널리 밝힘)함이며, 세계 개조改造의 대기운大機運에 순응병진順應幷進(응하여 맞춰 나감)하기 위하여 이를 제기함이니, 이는 황천皇天의 명명明命이며, 시대의 대세라. 천하의 어떤 것이든지 이를 저지 억제하지 못할지니라.

구시대의 유물인 침략주의, 강권주의의 희생을 만들어 유사 이래 수천 년에 처음으로 민족 겸제箝制(자유를 억압함)의 통고痛苦를 겪은 지 십 년을 넘긴지라. 우리 생존권의 상하고 잃음이 무릇 얼마이며, 심령상 발전의 장애됨이 무릇 얼마이며, 민족적 존영의 훼손됨이 무릇 얼마인고.

희噫라(슬프도다), 지난날의 억울을 선창宣暢(세상에 널리 드러냄)하려 하면, 요즈음의 고통을 파탈擺脫(벗어남)하려 하면, 장래의 위협을 삼제芟除(없애버림)하려 하면, 최대 급무가 민족적 독립을 확실케 함이니, 지금의 이천만 인이 가슴 속에 칼을 품고 정의의 군병과 인도人道의 간과干戈(방패와 창)로써 보호하여 있는 힘을 다하여 나아가니, 어떤 힘을 꺽지 못하며, 어떤 뜻을 펴지 못하랴.

병자수호조규丙子修好條規 이후 시시종종時時種種(때때로 있는 여러가지)의 금석맹약金石盟約(굳게 맹세한 약조)을 식食하였다 하여 일본의 무신無信을 죄 하려 함도 아니요, 학자는 강단에서, 정객政客은 실제에서, 우리 조상 대대로 내려온 업業을 식민지로 보고, 우리 문화민족을 토매인土昧人(야만인)으로 여겨 한갓 정복자의 즐거움을 탐하고, 우리의 오래된 사회기초와 탁락卓犖(뛰어난)한 민족심리를 무시한다 하여 일본의 모자란 의리를 책망하려 함도 아니라. 자기를 책려策勵(채찍질하고 독려)하기에 급한 우리가 어찌 남을 원망하리오.

◎ 병자수호조약丙子修好條約
강화도조약 또는 한일수호조약이라고도 불린다. 고종 13년인 1876년 조선과 일본 사이에 맺어진 외교 조약으로, 일본이 1875년 측량을 빌미로 보낸 군함 운요호雲揚號의 피격에 대하여 책임을 물으며 개항을 강요하였다. 병자수호조약은 전문이 12개 조로 되어 있으며, 치외법권, 조차지 확보 등 전적으로 일본에게 유리한 내용으로 이루어진 불평등 조약으로 평가받고 있다.

오늘 우리의 소임은 다만 자기의 건설이 있을 뿐이오, 결코 남의 파괴에 있지 않다 하노라.

당초에 민족적 요구로서 나온 것이 아닌 양국병합兩國倂合의 결과가 필경 고식적姑息的 위압과 차별적 불평, 통계 숫자상 허식虛飾의 아래에서 이해상반된 양 민족간에 영원히 이용할 수 없는 원구怨溝(원한에서 나온 불화)를 거익심조去益深造(갈수록 더욱 깊어짐)하는 그 실제 행적을 보라. 과감하고 용기있는 결단으로써 과거의 잘못을 바로잡고, 진정한 이해와 동정에 기본한 우호적 신국면新局面을 타개함이 피차간 원화

소복遠禍召福(화를 멀리하고 복을 부름)하는 지름길임을 밝히 알아야 할 것이 아니뇨.

또 동양 안위安危의 주축인 사억만 지나인支那人(중국인)의 일본에 대한 두려움과 시의猜疑(시기와 의심)를 갈수록 농후케 하여, 그 결과로 동양 전국全局이 공도동망共倒同亡(함께 넘어지고 같이 망함)의 비운을 부르는 것이 명백하니, 금일 우리의 조선 독립은 조선인으로 하여금 정당한 삶을 누림을 이루게 하는 동시에, 일본으로 하여금 사로邪路에서 나와 동양 지지자로서의 중책을 완전케 하는 것이며, 지나支那로 하여금 몽매夢寐에도 면하지 못하는 불안, 공포로서 탈출케 하는 것이라. 이 어찌 구구區區한 감정상 문제리오.

아아, 신천지新天地가 눈앞에 전개되도다. 위력시대威力時代가 가고 도의시대道義時代가 오는도다. 신춘新春이 세계에 와서 만물의 회소回蘇(다시 살아남)를 독촉하는도다. 천지의 복운復運(운세가 회복됨)을 만나고 세계의 조류를 탄 우리는 아무 주저할 것 없으며, 아무 기탄할 것 없도다. 우리의 고유한 자유권을 완전케 보호하여 생왕生旺(왕성한 삶)의 낙樂을 흡족히 누릴지로다. 우리들은 이에 분발하여 일어납시다.

천백 세千百世 조령祖靈(선조의 신령)이 우리들을 도우며 전세계 기운이 우리들을 외부로부터 보호하나니, 착수가 곧 성공이라. 다만 전두前頭의 광명으로 맥진驀進(기운차게 나아감)할진저.

공약삼장公約三章

1. 금일 오인吾人의 이 홍기는 정의, 인도, 생존, 존영을 위하는 민족적 요구니, 오직 자유적 정신을 발휘할 것이오, 결코 배타적 감정으로 일주逸走(도망쳐 달아남)하지 말라.
1. 최후의 일인까지, 최후의 일각까지 민족의 정당한 의사를 쾌快히 발표하라.
1. 일체의 행동은 가장 질서를 존중하여, 오인吾人의 주장과 태도로 하여금 어디까지던지 광명정대光明正大하게 하라.

조선건국 4252년 3월 1일 조선민족대표

손병희孫秉熙 길선주吉善宙 이필주李弼柱 백용성白龍城
김완규金完圭 김병조金秉祚 김창준金昌俊 권동진權東鎭
권병덕權秉悳 나용환羅龍煥 나인협羅仁協 양순백梁旬伯
양한묵梁漢默 유여대劉如大 이갑성李甲成 이명룡李明龍
이승훈李昇薰 이종훈李鍾勳 이종일李鍾一 임예환林禮煥
박준승朴準承 박희도朴熙道 박동완朴東完 신홍식申洪植
신석구申錫九 오세창吳世昌 오화영吳華英 정춘수鄭春洙
최성모崔聖模 최　린崔　麟 한용운韓龍雲 홍병기洪秉箕
홍기조洪其兆

◎ 남궁억이 기록한 독립선언서의 내용은 실제 독립선언서의 내용과 차이가 있다.

이 청년이 그 선언서를 일장 낭독한 후 오른손을 높이 들어 대한독립만세를 힘차게 일창一昌하니, 창성 한번에 공원 안의 천백 군중이 일제히 응하고 그 다음에 성파聲波가 점점 퍼져 대로의 만천萬千 청중이 함께 부르짖음에 천둥과 번개 같은 기운의 소리가 대지를 흔들더니, 순식간에 종로부터 성城 남문과 서문통 대로 위에서 어깨를 닿고 차를 두드리며 수십만 대중이 열광적으로 동창同唱하였으니, 그 사람들을 대략 구별하면 등교 차 학교로 향하던 생도들은 한 손으로 책보를 들고 또 한 손으로는 모자를 공중에 휘두르면서 대성을 발하며, 아관호수峨冠皓首(높은 관을 쓴 백발)의 노인들은 서리 수염과 피수疲瘦(늙고 여윈)한 팔을 휘두르면서 대성을 지르고, 노소부녀老小婦女들은 백삼현상白衫玄裳(흰 저고리와 검정 치마)으로 수족을 휘두르고 뛰면서 대성을 지르고, 의사와 간호부들은 소매를 말고 흰 옷을 앞에 늘어뜨리고 손 안에 제약 기구를 휘두르면서 대성을 발하고, 부호 자제들은 명주 신발과 의상을 휘양揮揚(휘두르고 날리며)하면서 대성을 발하고, 점주상호들은 혹 붓대를 귀에 얹고 또 혹 나막신을 발에 신고 대로로 나와 대성을 발하고, 심지어 차부車夫, 지게꾼들도 흰 수건으로 머리를 싸고 담뱃대를 입에 물고서 대성을 발하며, 또 다른 형형색색의 유구자有口者 모두 '**만세, 만세, 대한독립만세**'를 대성 제창하더라.

이 때 경성 내외에는 노유남녀老幼男女가 온통 아수라장 안에서 활발 약동하는데, 그 선언서에 봉장捧章한 33인 등은 탑동공원으로 한 청년을 파송하기 전에 종로 태화관泰和館으로 모였으니 이 곳은 10년 전에 대한독립을 결단하여 알리기 위하여 내외국 대관大官이 회연會宴한 곳인데, 지금은 대한독립을 선언하는 곳이 되었다. 이 연석에 모든 일본대관들도 청하였으나 한 명만 대표로 참석하여 회중이 정식으로 독립 선언서를 낭독하고 독립운동의 위공威功의 축배를 마시매 이 일본인도 같이 듣고 같이 축하하였으니, 그 자리의 당연瞠然(놀라 물끄러미 바라봄)한 그 면목은 불견시도不見是圖(안 보고도 알 수 있음)로다. 끝나고 회중이 곧 소관 경서警署(경찰서)에 그 소위와 소재를 통지하였더니 경관들이 즉시 달려 나와 모두 체포하였는데, 그 중 15인은 천도교 측의 손병희 등이요, 16인은 야소교 측의 이승훈 등이고, 2인은 불교 측의 한용운 등이러라.

지금의 일본 경찰제도를 논하면, 그 자신하는 바가 세계에서 독일 외에는 일본을 압도할 나라가 없다 하더니, 그 경찰력으로 그 인접한 청년회관을 수색하여 무슨 근유根由(근본이 되는 이유)를 찾을까 하던 차에 8척 거리도 못되는 탑동공원에서 거창한 일이 별안간 발생함을 전혀 알지 못하였으니, 이 어찌 천ᄌ이 아니리요. 그 33인을 50석 자동차에 탑승케 하고 남산 아래 경무국으로 끌고 가는 길 양쪽에 군중의 환영 제창하는 소리가 도처에 '만세, 만세'라 하는데, 그 승차회원들은 자신들의 위험을 생각하지 않고 각기 품속에 지닌 선언서를 차 밖으로 좌우 난척亂擲(여기저기 던짐)하여 눈발이 날리는 듯하니, 이는 그 뜻이 한국인치고는 한 명도 알지 못함을 요하지 않음이요, 더욱 극요절極腰絶(우스워 허리가 부러질 듯함)할 일은 동승한 일본 경관들도 '대한독립만세'를 손들고 같이 외치는 것이더라. 그 뜻이 비록 임시 계략상의 행동이라 할지나 깊이 생각하면 역시 하늘의 뜻이 아니리오.

자동차가 지나가고, 수십만의 대중은 셋으로 나뉘어 일부는 고故 한황폐하의

◎ '천ᄌ이 아니리오'는 명확한 뜻은 알 수 없으나 '하늘의 뜻이 아니리오' 정도의 의미로 볼 수 있다

빈소인 덕수궁으로 가서 정내庭內에서 만세 삼창하고 곧 정숙히 나왔으며, 또 일부는 정동 미국 영사관 앞으로 먼저 갔다가 다시 불관佛館(프랑스 영사관)으로 전진하였으며, 제 삼부는 총독부로 향했는데 조선은행 앞까지 나아갔다가 일본 병순兵巡과 관민에게 막혀 멈추게 되었더라.

시각은 임염荏苒(차츰차츰 지나)하여 벌써 석양이 되고, 일본 병순 대대는 길에 가득하여 행객과 학생을 불문하고 줄줄이 체포하여 학대가 심하였으나, 한인 측은 일절 반항력을 사용치 아니하더라. 그 체포된 학생 중 한 명은 관립학교의 생도라. 경찰서에 체포된 이후의 상황을 약술하여 다음과 같이 말하였다.

"나는 총독부로 향하는 제3부에 동참하여 이현尼峴(진고개라 불렸던 명동 일대)까지 갔다가 일본 순사 두 명에게 붙잡혔는데, 그들은 갖고 있던 칼집으로 나를 때리고 그 관민들은 더욱 가혹하여 발로 차고 손으로 때리기를 길에서 쉬지도 않고 심한 사람은 그 목리木履(나막신)를 벗어 때렸소. 경무국에 끌려가서는 4일 간을 가둬 놓고 매일 먹을 것은 밥 한 공기 젓가락 한 쌍인데, 왕왕 간수가 화내며 "이들 견류犬類에게 수저가 가당키나 한가."라 하고 나눠 준 젓가락까지 빼앗아 가며 우리는 한마디 말도 못하게 하더라. 동 3월 5일에야 어떤 경관이 붙잡아 끌고 가서 힐문하기를 "지금 이 운동 이면에 누가 있으며, 그 교사자教唆者 중에 네 평생 친한 이가 누군고." 하거늘, 나는 "모른다."고 답한즉, 내 뺨을 여러 차례 힘껏 때리고 다시 물으며 기필코 나의 고인告引을 기다리더라. 내가 결국 알지 못한다는 뜻을 굳게 고집하니, 그 관리는 내 양손을 등뒤로 단단히 묶고 번번이 빰과 굵은 철사로 옆구리를 찌르는 등 악형을 준비하여 시행하더니, 계속 모른다고 하니까 나의 두 손으로 의자를 머리 위로 높이 들게 하였다가 힘이 다해 밑으로 떨어지면 필히 때리고 차고 하더라. 어떤 사람이든지 고발케 하되 뜻대로 되지 못하니, 그다음 6일에 재판소 검사에게 나를 끌고 가서 처음 몇 가지의 의례적인 질문을 마치고 묻기를 "일본 현 정치에 만족한 사상이 있느뇨?" 대답하길 "대단히 불만족이라." 하였더니, 그날 밤에 나를 감옥에 가둔다 하더이다."

◎ 고인告引
죄인을 심문할 때 서로의 죄를 말하도록 하여 자신의 죄를 면하도록 하는 것.

이번 3월 1일의 대규모적 시위운동은 경성 뿐 아니라 같은 날 동시에 전 조선 도시마다 같은 운동이 거행되었으니, 이는 그 33인 등이 각자 교파 중으로 암중비약暗中飛躍(남모르게 활동함)하여 예정의 약속한 바가 폭발함인데, 기독교, 천주교 양 교파가 무려 백여만 이어늘, 계획 초기인 동년(1919년) 1월 하순경부터 경향京鄕으로 주선왕래周旋往來(이리저리 힘써 왕래함)하기 2개월여를 바삐하였다. 경찰의 예민 주도함에 대해 자신 자긍하는 일본 경관들이 몽매하였으니, 이 어찌 천天이 아니라 하리오

대저 평양은 전 조선기독교 회중의 모범지라고 하는 터이라. 그날 오후 1시에 동성同城 안의 양 최대 교단에서 소관 목사가 사람들을 인도하여 고故 한황폐하의 기념식을 정숙히 거행하는데, 거의 개식할 즈음에 일본 형사 한 명이 학생 복장 안에 있는 구한국 태극기의 형색을 그때 보고 즉시 달려가 알렸더니, 잠시 후 경찰관과

헌병들이 해산시키기 위해 달려오니 회중은 이미 예식을 마치고 태극기를 각각 가지고 일렬로 행진하면서 대한독립만세를 만구일성萬口一聲으로 제창하매, 그 경찰과 헌병 등은 어리둥절하고 기가 막혀 한 마디 말도 못하고 방관할 뿐이더라.

이때 노유남부老幼男婦는 대행렬을 이루어 시내 대로로 행진하는데, 저 맞은편 언덕에 있는 교당에서도 일대 행렬의 교도教徒가 같은 모양으로 와서 모이고, 사람마다 높이 들은 태극기는 일광日光 아래에서 나부끼고, 입에서는 만세소리가 점점 더 높아지더라.

그날 저녁 경찰서 앞에 도착하여 맹렬한 소리로 만세를 극력고창極力高唱(힘을 다해 크게 소리지름)하였더니 조금 있다가 한 소방대가 나와 사람들에게 분수관을 향하는지라. 사람들 중 한 사람이 이를 멸시적이라 도전적이라 하며 대항하려 돌 하나를 던졌더니, 그 자리에서 경찰서로부터 총성이 속속 난발하여 길 위에 죽거나 다친 이가 낭자하고 더욱 무력을 사용하여 그 행렬을 해산시켰더라.

다른 도시에도 같은 날 같은 운동으로 다수의 구타, 구금, 살육이 이루어진 곳이 많아서, 눈앞의 비참한 상황은 차마 보고 듣지 못할 매우 고통스러운 일이라 하겠더라. 그러나 비운이 극한 곳에 낙관의 밝음은 영원한 진리라. 이로부터 대한중흥의 조짐은 정계政界에 이미 나타났을 뿐더러, 동양 전국의 어느 국가나 민족의 침체하였던 정신을 발휘하는 데에는 이번 운동이 큰 효력을 진하였더라.

3월 2일은 일요일이라. 일반 청년들은 이날 일대 시위운동을 거행코자 하나, 그 인도자들 중 몇 사람은 기독교인이라 안식일을 고수코자 하고, 그 다음 3일은 고 한황폐하의 국장일이라 국민 일반이 정숙히 조제식弔祭式(죽은 영혼을 주문하는 의식)을 준행하여야 하겠기로 내정한 운동은 4일로 바뀌었는데, 장례에 대한 한일 양쪽의 의견이 충돌되었다. 한인은 자국의 구식을 좇고자 하고, 일인은 일본식을 행하고자 하여 서로 특권하다가, 일본 정부에서 정하여 말하기를 궁문宮門부터 동대문까지는 일본식이요, 동대문부터 능소까지는 한국식을 좇게 하라 하니, 한인은 무세력자라 능히 반항치 못하되 심리상으로는 큰 불평을 안에 품고 단지 성내 거행식에 참가하라는 총독부 명령은 관공립학생들도 준행치 않고 다 성 밖으로 나가 한국식을 따랐다. 또 하나의 난제는 거행 명정銘旌이니, 한국인은 말하기를 '대한국대황제'는 존칭이니 이번에 적용해야 한다고 하나 일본인은 고집하여 조선 이태조의 봉작을 사용하자 하니, 이 또한 민심에 대비되었더라.

◎ 명정銘旌
장례풍습 중 일정한 크기의 천에 죽은 사람의 품계, 관직, 본관, 성姓 등을 기록하여 상여 앞에서 들어간 후 관 위에 펴놓은 채로 묻는다.

잠시 후 구경하기 위한 대중은 다 동대문으로 나갔는데, 별안간 긴 장대에 비단으로 만든 큰 명정銘旌에 '대한국대황제'라 특서하여 들고 행렬 중으로 돌입하여 자신의 위험을 생각하지 않고 엄숙하고 천천히 지나는 자를 보니 충분忠憤(충의로 생기는 분한 마음)에 격감된 용감한 자이라. 일시 무리들을 놀라게 하여 많은 감상을 격렬히 일으켰더라.

3월 5일은 국장 후 2일이라. 또 시위운동이 일어났는데, 이번에 일본 헌경憲警(헌병경찰)은 눈을 부릅뜨고 이를 악물고 단불용대斷不容貸(결코 용서하지 않음)라는 기세를 보이더라. 미국인 잡지사 직원이 당일 목격한 참경을 지상紙上에 아래와 같이 개재하였다.

"시계가 오전 9시를 울리자 대로의 정차장 근처에 있는 각 상점과 가옥에서 청년 무리가 벌떼처럼 나와 정차장 위로 운집하여 대한독립만세를 천둥 번개 같이 제창하더니, 잠시 후 어떤 사람이 인력거를 타고 남대문 길가로 나아가매 대중이 옹호하여 남대문을 나가더니 다시 돌아 서대문으로 들어와 황궁으로 향하였다. 그 단체는 모두 학생으로 조직되었고 고등여학교 생도들도 참가하였더라. 궁문 앞 광장에 이르니 일본 순사들이 열진列陣하였다가 칼을 이리저리 휘두르매, 남녀를 불문하고 도처에 사상死傷이 낭자하고 붙잡혀 묶인 자도 역시 수백인데, 학생 측에서는 그 잔폭殘暴을 당할 뿐이오, 비록 주먹과 몽둥이 같은 것으로도 반항은 하나도 없으니 이는 그 운동의 목적이 단순히 시위에만 있고 국가를 위하여 죽거나 다치거나 또는 체포됨은 반대로 자신의 영귀榮貴로 여겼기 때문이라. 이번 운동에 세브란스 병원의 간호생들은 거의 전부가 참가하였는데, 손에는 붕대를 가졌으니 사상 당한 자에게 임시 구호하고자 함이러라. 그 중 15명이 경서警署(경찰서)에 체포되어 일차 엄밀한 심문을 당하였는데, 그 질문의 요지는 병원의 서인西人(서양인) 간부가 이 운동에 참가함을 명하더냐 함이러라. 대개 한인을 학대함에는 일본 문관과 역부役夫(돈을 받고 남의 일을 해주는 사람)가 가장 심한 자라. 그들의 행위를 말하자면 소녀들의 두 발을 움켜쥐고 질질 끌고 가 도랑에 처박기도 하고, 또 발로 차고 때리고 하기를 순사가 인수 차 오기 전까지 잠시도 쉬지 않더라. 경서로 끌려 갈 때에 한 순사가 세 여자의 두 발을 한 손으로 잡고 길 위에서 발로 차고 손으로 때림이 양쪽 다리에 쏟아 붓는 것 같더라."

그 중 한 여자가 여러 가지 곤고를 겪고 석방된 후에 겪고 구술한 바를 기록하였다.

"우리 체포되었던 여자 일동이 경찰서 문 안으로 끌려 들어가게 되었는데, 20여 명의 순사가 열립하여 손으로 때리고 발로 차고 칼집으로 휘둘러 때리는 것이 하도 난폭하여 한바탕 상황이 지난 후 우리를 어떤 실 안으로 넣자 나는 곧 정신을 잃었소. 몇 시간이 지났는지 나의 정신이 다시 돌아와 좌우를 둘러보니 청년 남녀의 갇힌 사람들이 방안에 가득합디다. 잠시 후에 한 경찰이 우리를 일일이 호출하여 힐문하는데, 나의 양 다리를 결박한 채로 꿇어 앉게 하고 매 일문일답에 한 번씩 때리는 것은 의례적인 일이요, 간간히 면상에 침 뱉고 추악한 욕설은 형언키 어려운 중에 내 웃옷을 열어 보이라고 명하거늘 따르지 아니하였더니, 그들이 갑자기 다가와 내 웃옷을 손으로 찢고 또 양 손가락을 같이 묶어 갑자기 세게 미니 어찌나 고통스럽던지 그 손가락이 손에서 뽑히는 듯하매 나는 즉시 눈을 감고 방바닥에 쓰러졌소. 그 경관이 큰 소리로 돌진하여 내 옷을 세게 잡고 또 한 대 세게 때린 후 머리와 귀를 잡아 끌고 휘어잡고 하더니, 이 또한 그 뜻에 흡족하지 못하였던지 양 손으로 무거운 의자 하나를 높게 들게 하다가 힘이 떨어져 떨어뜨리니 팔꿈치 뒤를 몽둥이로 때리고 또 다른 악형惡刑으로 한 시간 여를 괴롭혀 기력이 쇠진하자 즉시 아래층 방으로 내려가라 하거늘, 나는 능히 일어서지 못하고 기어서 1층 계단을 내려가다가 팔다리 힘이 빠져 전 층의 계단을 굴러 내려간 동시에 혼절하였소. 한참이 지나 정신이 돌아오매 다시 수금실囚禁室(죄인을 잡아 가두어 두는 곳)로 쫓겨 들어갔는데 기어서 갔더니 수호守護하던 일본 순사들이 나의 이 곤고를 보고 크게 웃으며 그치지 않거늘, 나는 즉시 눈을 감고 마음 속으로 기도하였더니 비몽사몽간에 우리 주 예수께서 현성顯聖(신령하게 나타남)하시매 많은 안위를 받았소. 이와 같이 5일을 고통받고 서대문 밖 감옥으로 보내어졌거늘, 감옥으로 들어가던 초에 나의 전신을 발가벗게 하고 여러 일본 남자가 둘러서서 보고 조소하더니, 잠시 후 한 죄수 사이로 보내졌으매 앉거나 누우면 어깨와 등이 서로 닿았고 먹는 것은 누런 콩과 소금이었소. 어떤 사람이 왕왕 와서 보고 다양한 이름으로 우리를 부르니, 개라고도 부르고, 돼지라고도 부르고, 다른 축생畜生이라 하였소."

이에 약기略記(간략히 기술함)한 것 외에도 많은 학대가 이루 열거키 어려워 생략하노라. 또 18세 된 여자가 종로 경서에서 4일간의 운속運續(옮겨지며 계속된)한 심문을 당하였는데, 말하길

"제1일에 먼저 도착한 어떤 일본 법관이 나타나 나에게 옷을 벗으라 하거늘 내가 즉시 큰 소리로 반항하기를 "여자 대우에 이 어찌 적용방법이뇨." 하니, 그들이 억지로 강요하기를 그치고 조선인 통역에게 나를 손으로 때리라 하니, 그 통역관이 항거하여 말하기를 "내가 어찌 예의 없이 여자를 때리리오. 만일 억지로 시키면 내 손가락을 깨물어 절단하겠노라." 하니, 그 관官이 이에 자기 손으로 때리는데 어깨, 팔, 얼굴, 다리를 발로 차고 때려 나의 신혼神魂(정신과 넋)을 몇 번 잃었고, 제2일, 제3일에도 같은 대우를 당하였고, 제3일에는 고등검사가 와서 묻는데 손으로

때리는 방법은 여전하더라. 다음날 즉 3월 5일 오후에 순사 세 명이 나와 다른 여자를 함께 결박하여 서대문 감옥으로 끌고 갔는데, 한인 운전수가 감히 큰 소리로 말하길 "낙심말고 기력을 보전하시오. 이 모두 압복壓服(눌러서 복종시킴)의 수단이라." 하더라. 잠시 후 감옥 문 밖에 도착하니 순사는 옥문 안으로 들어가고 우리는 차 안에 앉아 있는데, 어떤 학생 한 명이 차 옆에 몸을 붙이고 우리를 근유勤誘(위로하고 달래다)하여 말하길, "흥분하시오. 우리가 영원히 멸망하지 않소. 하나님은 공정하시니 우리의 축원대로 응답하시리라." 하고 즉시 돌아갑디다." 하였다.

또 다른 여자는 진술하여 말하길

"그들이 심판시에는 내 몸을 벗게 할 뿐 아니라, 왕왕 무치멸예無恥蔑禮(부끄러움도 없고 예의도 없는)의 일을 많이 행함에 어떤 처사는 하도 부끄럽고 창피하여 차마 지상紙上에 필기치 못하겠소." 한지라.

이상의 각인各人의 진술은 일본인의 중요한 책임문제가 나타나게 됨이니, 하나는 매 사람을 4차 심문하는데 최후 두 번은 삼금선三金線의 관복官服을 입은 자라 하니, 이 필히 경성지방법원의 검사장인데, 이러한 고등문관으로서 여자를 자기 손으로 구타함은 이 어찌 개인의 자의행동이리요. 둘째는 나이도 젊고 혈기 왕성한 여자를 벗게 함과 다른 모욕은 한두 경관의 개인적 행동이 아니라 경성, 평양 및 다른 지방에 확실하게 전해진 말에 의하더라도 모두 같게 그러함이요. 셋째는 중앙정부의 행정관은 매사를 교정에 의하여 행동하는데 금번

악정을 어느 하급관 개인에게 귀책함은 불성설不成說(어불성설語不成說)이라 하겠도다.

3월 1일과 5일의 시위운동은 전기와 같이 대대적이라 하겠는데, 그 후 정부는 경성과 그 부근 요해처要害處(요충지)마다 소대의 병사를 배치하여 가로街路를 주야 순찰하고, 야포野砲(야전포)와 기관포를 행진하여 사람들을 위협하여 다시는 구체적인 시위운동을 행치 못하게 하고, 만약 그 3-4인 이상이 회집하면 병력으로 그 자리에서 해산하고, 또 공중公衆 앞에서 논문을 크게 읽거나 강연하는 자에게는 인정 없이 자격刺擊(찌르거나 공격하여 방해함)하고, 이 사이 운동의 실행자와 협의자를 일상 포박하는데 어떤 신문 보도에 의하면 며칠 안 되어 전국 안에 그 수가 합계 6천 명이라고 하고 평양과 다른 지방에 소방용消防用인 철구鐵鉤(쇠갈고리)를 난동하여 중상을 입은 자 적지 않더라. 이후로는 운동의 성질이 변하여 숨바꼭질처럼 응용하여 정부를 기롱欺弄(속이고 우롱)하였다.

독립신문의 창간

대한독립을 선언하던 날에 독립신문이 창간되었으니, 주필은 보성전문학교장 윤익선尹益善이라.

이 신문을 창간하던 날에 윤주필은 즉시 포박되었거니와 신문은 1일의 궐간闕刊(발행을 하지 못해 빠지게 된 부분)이 없기에 일본 순사는 해당 학교의 인쇄기구를 일일이 압수하였는데, 신문은 여전히 매일 아침 출간되매 그 주필이 누구인지 어떠한 방법으로 간포刊佈(간행하여 퍼뜨림)하는지 불가사의한 일이러라. 지금 그 신문의 보도를 개적槪摘(대략적으로 가려서 씀)하건대,

인왕산 밖에 독립문이 높고 우뚝 솟아 있는데, 그 중요한 돌 조각하고 청홍青紅으로 채색한 것은 대한국기라. 근년 이래로 상층으로 올려 안쪽 문을 일본인이 봉쇄하고 그 밖에 가시울타리를 둘러 아무든지 그 문으로 출입하지 못하게 하였더라. 3월 5일 아침에 여러 해 동안 변색한 국기의 조각 그림이 의외로 심하게 붉어 이같이 대담한 행위가 누구의 소행인가 사람들의 입으로 한결같이 전해지자, 사방에서 와서 보는 자가 무려 수천이라. 스스로 서로 의심하여 묻기를 이곳에 시렁(선반)이나 계단이 없거늘 한밤중에 이와 같은 어려운 일을 어떤 사람이 능히 하였으리오. 정녕 신의 영적靈蹟(신령스러운 자취)이라고 선전하더라. 정부는 이번 이적이 대중의 감상을 격기함에 대하여 이를 없애는 방책을 부심하여 연구한 결과, 한편으로 회중을 해산하고, 또 한편으로는 소방대의 분수관을 가지고 와서 그 조각의 붉은 색을 없애려 하였더니, 결과는 반대로 사람들의 눈을 즐겁게 하려고 심적深赤(검붉은색)이 변하여 선홍이 되니 신이神異(신기하고 이상함)를 기이하다고 외치는 군중을 관력으로도 막지 못하더라. 이 일은 더욱 한인들에게 일본인과 동거치 못할 이유를 격감케 함으로 경성 내의 전차 인부와 연초煙草 일꾼들이 일제히 동맹 파업하였고, 상점 주인들은 생각하기를 '무릇 우리 한국인 남녀들은 자기 생명을 바쳐 독립을 주창하거늘 우리들 상인은 어찌 상점 문을 열고 이익을 경영하리오' 하고 성 안팎이 일제히 폐점 파업 하였으니, 이 폐점은 조선의 예로부터 내려오는 관습이라. 조선 군주가 아무리 전제권이 있더라도 군민 관계상에 일대

◎ 대간臺諫
조선시대 사헌부司憲府, 사간원司諫院의 벼슬을 일컫는 말로 임금에게 간언을 하는 관리를 의미한다.

잘못된 정치를 행하고도 고집하며 바꾸지 않으면 대간臺諫이 탄핵하여 간언하고, 대간이 무력한 때에는 종로 대로변 상점들이 3일 간을 폐문하나니, 이 경우에 이르러서는 임금이 부득불 용상에서 하좌下坐하여 민심을 따르겠다는 의사를 표시함이러라.

총독부 국장들이 선교사를 의심致疑함

총독부 외무국장 고마쓰小松가 한 신문기자가 자기가 본 것을 누설하여 이번 운동은 외국인 선교사가 주체된 책임을 면치 못한다 하더니, 얼마 후에 그 실정의 불연함(그렇지 아니함)을 자기 입으로 판명하였다.

법무국장 고쿠보國分는 아래와 같이 설명하여 말하길,

"이번 운동은 외국 선교사의 종용으로 일어났거나 적어도 그들이 난민에게 동정을 표시하였기 때문이라고들 하나, 그 실제는 난민이라 불리는 자들의 수괴首魁(우두머리)가 모두 예수교 목사 아니면 교중학교敎中學校의 생도인 고로 이러한 터무니 없는 말이 유행되기 무경無經(도리가 없음)하도다. 그러나 관부로서 철저하게 조사한즉 이 모두 낭설일 뿐 아니라, 이번 운동의 조짐이라도 그들이 전에 알지 못한 것이 명백한지라. 만일 법리 외에 근거 없는 말로 그들을 책망하여 외인의 대일對日 악감을 사거나 국제문제를 야기하면 참 무지하고 몰각한 일이라. 만약 그 떠도는 말과 같이 외국인의 선동이 정녕 많을진대 정부는 그들을 금제구축禁制驅逐(제도로 금하고 몰아 냄) 함에 어찌 털끝만큼 가차 없이 하지 않을 수 있으리오." 하였더라.

당국의 성명은 이와 같이 외국선교사에게 의심을 품고, 내실도 전 조선의 인심 불복에 유함이지만은, 일본 군대는 이를 전하여 조선인과 외국 기독교 신도의 소행이라 하여 혐오하고 미워함이 극도에 달하여 밤낮으로 보원심報怨心(보복할 마음)이 가득 찼더라.

3월 12일에 나온 〈인천조선신문〉을 보아도 내용을 알 수 있도다. 해당 신문은 본래 경무와 헌병 당국의 기관지인데, 그 내용에 말하기를

"조선인을 선동시킨 자는 미국 선교사라. 동난의 이유를 조사하여 밝혀내기 위하여 두세 선교사를 체포 심판한 일이 있었다. 선교사 중 다수는 심지가 천박한 자라. 조선인을 악의의 용도로 덕과 도를 가르쳐 인도하고 민주정신을 마음 속에 주입하여 그 30만의 기독신자의 대다수는 일한합방을 반대하고 자유를 회복코자 기회를 기다리며, 조선인이 기독학교에만 입학하면 무슨 언론이던지 뜻대로 말할 수 있다 한다. 미국 윌슨 대통령의 민족자결주의를 저희 종교 이면에 숨겨 조선민족을 고무시킬 뿐더러, 이와 같이 열린 민심에다가 외국의 자유정신을 고취함으로 기독학교의 여학생들이 이번 동난에 참가함을 보아도 선교사의 소위인 줄을 알 수 있다."하였다.

제암리와 서촌

제암리의 학살과 방화는 이미 동서양 신문 잡지에 실려 만구萬口(많은 사람들의 말)에 회자되거니와 아래에 기록하는 것은 그 촌락을 불태운 지 3일 후 서울에 머물렀던 영국인이 몸소 들어가 조사한 바를 기록한 것이다.

4월 17일 목요일에 어떤 외국인이 와서 전하기를 수원군 남쪽 50리 되는 제암리에 극히 참혹한 일이 발생하였다 하니, 이는 대수의 기독교 신자를 한 교당에 몰아 폐쇄하고 일병日兵이 그 당내를 향하여 실탄을 쏘니 회중 일동이 사망 아니면 중상인 줄 확인한 후에 그 당에 불을 붙였으니 이는 모든 사람의 멸망을 확실히 하고자 함이러라 하거늘, 나는 즉시 목도 확인하고자 하여 그 이튿날에 열차로 수원에 내려가 자전거로 동리의 8-9리 땅을 도착하니, 그 곳에 경찰과 헌병주재소가 있는지라. 헤아려 보건대 그들이 소행을 엄폐掩蔽하기 위하여 필연코 내가 가는 것을 막을 것 같아서 10-20리의 먼 길로 돌아가 큰 준령을 넘어 그 마을에 들어갔소. 들어가서 남아 있는 참화의 진상을 탐문하니 남녀노유를 물론하고 모두 입을 다물고 숨기는데, 전율 공포의 모습이 언외言外에 나타나더라. 다시 조금 들어가다가 한 무리의 문무관리를 만나니 마침 참경을 조사 중이어서 한두 관리와 서로 이야기한 후 그 허락을 얻어 마을 안을 돌아보고 또 촬영까지 하였으나, 진상의 보도는 털끝 만큼도 조사하여 얻지 못하였소. 잠시 후 관리들이 돌아가는데, 맨 뒤의 한 사람의 그림자가 마을 밖으로 겨우 벗어나자 공포 중에 쌓였던 촌민의 굳었던 혀가 비로소 풀려 그 흉악한 학살의 사건을 아래에 적은 것과 같이 말하였다.

"4월 15일 오후경에 몇십 명의 일병日兵이 와서 기독교인과 천도교인 중 장년들은 모두 예수교당으로 와서 모여 설유說諭(타이르는 말)를 들으라 하거늘, 우리 예수교인 23명이 모여 도착하여 명령대로 줄지어 앉아 말할 것이 무엇인지 서로 의아해하는 사이에 일본 병사들이 교회당을 둘러쌓고 창문으로 실내에 총을 쏘니 총에 맞은 사람은 죽지 않으면 부상을 당하였다. 그러나 저 도깨비와 같은 일병은 교당에 불을 붙여 순식간에 화염이 조요照耀(번쩍거리며 비침)한 틈을 타서 도망하는 자는 총창으로 즉시 죽이매 지금 교당 밖에 6구의 시체가 엎어져 있습니다. 그 중 두 여인은 명령에 의하여 교당으로 오다가 별안간 총성을 듣고 대경大驚하여 각각 남편을 구출하기 위해 황급히 왔다가 그 자리에서 참살되었으며, 한 명은 19세, 한 명은 40세인 여인이니 모두 기독교인이요, 일병은 물을 뿌린 후 퇴거하였습니다."

몰래 조사하건데, 이 참혹하고 참혹함을 어찌 전적으로 야비하고 무식한 병졸에게만 귀책歸責(책임을 돌림)하고 그 장관 무리가 음모의 일부분 됨을 숨길 수 있으리요. 이 마을의 현상을 논하면 31채의 민가와 교당은 전소되고 8호만이 겨우 남았는데, 눈에 보이는 모든 것이 처량하더라. 무너진 집과 장항아리(장독) 등의 물건이 재 가운데 곳곳이 서있을 뿐이요, 그 남은 재민災民들은 임시 초부草蔀(풀로 만든 덮개)를 산 옆에 만들어서 머리를 모으고 묵묵히 앉아 원루寃淚(원통한 눈물)를 흘리면서 전 가족이 같이 즐거웠던 옛터만 굽어보고 가슴을 치며 울부짖는 소리가 "하루 아침에 나의 청년 과부가 왠일인가. 슬하에 저 아들이 고아가 무슨 죄인가." 하며, 현장의 보고 들은 사람은 아무리 철석鐵石의 심장이라도 슬픔을 느끼지 않을 수 없더라."

그 인근 한 마을에 또 참화가 있어 어떤 외국인에게 발견됨으로 아래에 기록한다.

서촌이라는 한 소부락은 제암리에서 10여리쯤 되는데, 한중閑中(한가롭고 평온함)에 가려佳麗(아름다움)한 촌락을 형성한 곳이라. 4월 17일 오후 4시에 마을 입구에 이르니 한 여인이 둑 위에 서있거늘 몇 마디 탐문을 나누었더니, 여인이 말하길 "당신은 기독교인입니까?" 하거늘, 내가 "당연하외다. 당신도 교인입니까?" 하니, 여인이 "그러하외다."하고 일부러 길을 건너 내 손을 잡으면서 "참화 겪은 촌락에 이와 같은 상봉은 참 하늘의 뜻이니 감사하외다. 우리 전 촌락에 인가와 교당은 불타 없어지게 되고, 많은 인민은 중상을 입었습니다. 청컨대 참혹한 상황을 와서 보시오."하고 옆에 서있는 두 학동을 소개하니, 그들은 그 교회당 목사의 두 아들이라. 그 세 명이 작은 언덕에 올라 저기 일대一隊의 일병日兵이 어느 곳인가로 향하는 것을 멀리서 보는데, 그들의 무섭고 공포스러움은 오직 일병日兵이러라. 다시 나아가 촌락을 한번 살펴보니 촌가 전 수가 42호 중 8호가 겨우 남아 있고, 건물과 쌓아 둔 것이 일시에 타서 없어지게 되매 길가에 재만 가득하되, 그 낙심한 광경이 다시 건축하는 데에는 뜻이 없다 하거늘 그 사정을 탐사한즉 '비록 현존한 인물이라도 어떤 날 어떤 때에 무슨 참화를 다시

겪을는지 알 수 없으니 어찌 중건하거나 개축하리오' 함이러라.

그 재해를 입은 날이 4월 6일인데, 다음날 미명에 전 촌락이 새벽 꿈도 꿔보지 못하고 일병이 이미 마을 안에 들어와 집 처마마다 불을 지른지 오래 지나지 않아 전 마을이 불에 싸인지라. 혹자는 나와서 불을 끄려고 하니 일병들이 돌진하여 총칼을 사용하매, 촌민들은 어찌하지 못하여 저들이 평생 애지중지하던 가옥과 산업이 하루아침에 불타 남김 없이 됨을 바라만 보고 심간心肝(마음)만 초초하였더라. 사상자를 자세히 조사한즉 한 명은 즉사하고 그 다른 다수는 모두 중상을 입었는데, 상처가 모두 극히 참혹慘酷하여 차마 바로 보지 못하겠고, 그 저녁에 고통으로 쓰러지는 사람들도 신음하는 소리가 오직 일병이 언제나 다 나가냐고 함이러라.

그 중상자는 정부 병원으로 이송케 하고 그 나머지는 치료품을 내가 가지고 오리라 하고 즉시 일어나니, 촌민들은 모여서 간하여 빨리 돌아오기를 부탁하기도 하고 사지死地에서 구출키를 청하기도 하매, 상시 공포스러운 바는 그 악귀 같은 일병들이 갑자기 다시 침입하여 참화에 남은 사람들을 모두 잔멸殘滅할까 함이더라. 그 이튿날에 여러 선교사들과 함께 서촌에 다시 도착하였더니, 그때에 일본 순사 또한 도착함으로 촌민들은 그들의 품은 마음을 다시 말하지 못하고 우리의 구료求療(치료)사업도 여의치 못하였더라.

위와 같이 일본 병순兵巡이 구분적區分的으로 해독害毒을 줌은 곳곳에 흩어져 있거니와 지금 그 북부 조선에 보통적으로 체포와 형벌 시행을 미국 〈콩그래순알Congrerational〉 잡지에 기재한 바를 아래에 적요

摘要(요점만 뽑음)하였다.

“시위운동의 개시일부터 정부관리 중 특히 경관들은 기독교인에게 더욱 주의하여 교회의 목사, 장로 및 기타 직원들을 마음대로 체포하여 몇 주일간 구금과 심판을 치른 후 석방하고, 또 혹 6개월이나 3년 징역을 받은 자가 심히 많은지라. 대저 동란 중에 뜻이 있어 범수犯手한 자는 용서함을 기대하기 어렵지만은, 특히 억울함을 입은 자는 진범 여부를 막론하고 기독교인이기 때문에 모두 포박하여 구타하고 형벌이 낭자한데, 어떤 향촌에서는 거민 전부를 소집하여 기독교의 믿음 여부를 물어 교인이라 스스로 인정하는 자에게는 특히 학대와 포박을 자행하고, 그 나머지는 위로하고 방송放送(놓아 보내줌)하며, 심지어 행인일지라도 일본 병순兵巡이 교인 여부를 힐문하여 교인이라면 구타와 모욕이 심할 뿐더러, 상시 헌경憲警(헌병 경찰) 양부兩部는 촌민에게 대하여 경고하기를 앞으로 기독교는 멸절시킬 터이요, 교인은 총살할 터이요, 교회 집회는 금단할 터이라 하더라. 그러나 민정民情의 내실을 탐구하면, 이번 운동은 전부 조선 전수 인민의 합심적이요, 어느 일부분이나 한두 단체는 아니라 하겠다 하였고, 이외에 지나의 북간도 용정촌 조선인부락과 통천군 어떤 민족의 학살 사건도 모두 매우 참혹하여 참으로 들을 수 없는 것이다.”

손정도 孫貞道 목사

다이쇼大正 8년[서력 1919년 기미] 4월 15일에 조선총독이 법률명령을 발포하여 이르기를, 본일로 시작하여 어느 조선인을 물론하고 국내나 국외에서 조선독립운동에 참가한 자는 10년 수금의 형을 실시한다 하였더라.

이번 율령의 효력 소급으로 다수의 조선인을 한 번의 공판 없이 원악도遠惡島(서울에서 멀리 떨어져 있고 살기 힘든 섬)로 보내었으니, 그 중 일례를 거하건데 만주에서 전도하던 손정도孫貞道는 예수교 목사라. 경성으로 체포되어 구금되고 교회 측에서 성언聲言하기를 악형은 문명한 일본 법률에 금용禁用함이라. 그런 고로 심문할 동안에 다만 엄중한 경고만 하고 악형을 실시치 아니한다 하더니, 손 목사가 석방된 후에 그 친구에게 경험담을 말하여 이르길,

"주간 뿐 아니라 왕왕 심야 중에도 심문관이 나를 호출하여 여러 번 힐문하다가 엄중한 경고로 단속斷續하고 최후에는 특형을 실시하는데, 나의 한쪽 팔은 어깨 뒤로 또 한쪽 팔은 등 뒤로 서로 구부리게 하여 양 엄지손가락을 끈으로 묶어 결박하고, 그 끝을 문미門楣(창틀) 위로 던져 내보내 밖으로부터 끌어 올리기를 나의 엄지 발가락이 지상에 뜰 때까지 당겨 올려 놓고, 그 형관刑官들은 각기 자리에서 둘러 앉아 보고 즐거워하며 히사기[일본 술 이름]

> ◎ 손정도孫貞道(1872-1931)
> 독립운동가. 감리교 목사. 평양숭실전문학교를 다니다가 정동교회 목사로 시무한 후, 1919년 상하이에 건너가 대한민국임시정부에서 독립운동을 하였다. 1919년 4월 몇몇 조선인 지도자들과 함께 체포되기도 하였다. 이후 만주 길림으로 건너가 조선인교회 목사로 일하였다. 특히 자신을 찾아온 김일성金日成에게 많은 도움을 준 일화로 유명하다. 손정도 목사의 장녀인 손진실은 윤치호 동생 윤치창의 부인이다.

노름을 하다가, 또 내려와 손가락으로 내 몸을 긁기도 하고, 또 담뱃불로 육체를 그을리기도 하고, 심한 구타에 나는 정신을 잃기도 하고 혼절하여 깨지 않기를 8일 밤 만에 내가 하지도 않은 죄들을 무인誣引(거짓으로 죄를 꾸며냄)치 못하니 그들도 어찌할 수 없어 결국 나를 진도로 2년 유배에 정하더라 하는데, 공판으로 결정한 바는 아니러라."

십자가당 사건으로 구금당했을 당시
일본경찰에게 심문받던 모습을 재현한 모형(한서기념관)

제5부

일제 하 심문조서

십자가당 사건과 남궁억

1933년 강원도 홍천에서 일어난 일본의 기독교 단체 박해 사건을 이른다. '십자가당'은 남궁억의 민족교육과 민족정신 고양에 영향을 받은 감리교인들에 의해 1932년 3월에 조직된 단체이다. 이 모임을 통해 홍천지방 감리사 남천우를 비롯, 유자훈, 김복동, 남궁모 등이 중심이 되어 장기적인 독립운동을 전개했다. 이들은 농촌에서 계몽적인 집회를 갖고, 방학을 맞이해 시골로 내려온 서울의 학생들과 함께 농촌운동을 진행했으며, 남궁억이 시작한 교육운동과 무궁화 보급 운동에도 적극적으로 참여했다.

그러나 얼마 후 일본에 적발되어 조직에 참여한 자들이 구속되고, 1933년 남궁억도 체포되었다. 이 일을 계기로 보리울의 무궁화 묘목은 모두 뽑혀 불태워졌고, 남궁억이 세운 학교는 폐교되었다. 1934년 3월 72세의 나이에 3년의 집행유예를 선고 받은 남궁억은 이후 병 보석으로 석방되었다. 그리고 투옥 후유증으로 1939년 4월 하늘의 부름을 받았다.

이 시기 상황의 일면을 윤치호의 일기에서 볼 수 있다.

> 1933년 12월 14일 목요일
>
> 한 달 전쯤 남궁억씨가 반일감정에 기초한 조선사를 집필해 학생들에게 가르친 혐의로 체포되었다. 그와 10여 명의 절친한 친구들이 강원도 홍천 경찰당국의 취조를 받은 후, 어제 서울 검찰에 송치되었다. 올해 71세인 이 노인이 감옥에서 생활하는 건 몹시 버거운 것이다. 감옥 안에서 재판을 기다리는 '불온사상가'들이 1천 명도 넘는 터라, 그가 재판을 받기까지는 1년도 더 걸릴 것 같아 몹시 염려된다.

독립협회와 민립대학 설립과정을 통해 남궁억과 윤치호는 가깝게 활동을 했다. 남궁억의 딸 남궁자경과 윤치호의 아들 윤광선은 결혼을 했다. 남궁억의 투옥생활과 석방과정에서 윤치호가 적지 않은 역할을 했다.

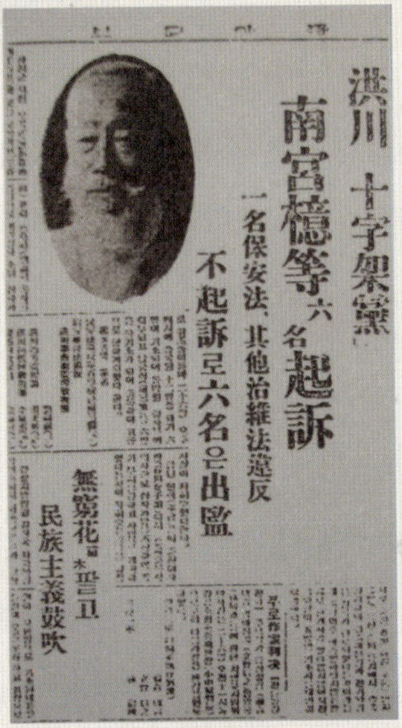

洪川 十字架黨

南宮檍等六名起訴

一名保安法、其他治維法違反

不起訴로六名은出監

無窮花를퍼고

民族主義鼓吹

◎ 1933년 12월 7일 동아일보 기사

◎ 십자가당 재판기록 자료

1933년 11월 14일 홍천경찰서는 남궁억 선생을 보안법 위반으로 체포하였다. 이때 압수해간 증빙물은 1. 무궁화 선전문, 2. 《조선이야기》, 3. 《독립노선》 영문본, 4. 태극 무늬가 있는 큰 거울과 수저, 5. 노래모음, 6. 《동국사기》와 《삼국사기》, 7. 《동사략》, 8. 서한, 9. 일기장 이었다.
체포된 후 남궁억 선생은 1934년 11월 7일, 13일, 25일, 12월 10일, 13일, 14일, 22일, 1935년 1월 15일, 5월 29일, 30일, 7월 27일에 걸쳐 심문을 받았고, 징역 1년에 집행유예 3년을 언도받고 풀려나게 되었다.

* 이 장에서는 남궁억 선생의 재판 기록문 중에서 일부를 추려 정리하였다.

남궁억과 모곡학교

문 모곡학교를 설립한 이유는 무엇인가?

답 현재 서면에는 보통학교가 없고 교육기관으로는 다만 한문서당이 몇 개 있을 뿐이므로 한편으로는 지방 청년에게 다소간이나마 시대에 적응하는 교육을 하고 지방을 발전하도록 함과 동시에, 나는 원래 예수교 독신자篤信者(잘 믿는 사람)이므로 학교를 설립하여 그 학교에 다니는 아이들이 그 부형에게 예수교의 취지를 보급하도록 하여 교도를 획득한다는 것이 주된 목적이었다.

문 그렇다면 그대는 예수교도를 획득하려는 정신 아래서 학교를 설립했는가?

답 그렇다.

문 그러면 예수교 신도가 아니면 그 학교에 다닐 수 없다는 것인가?

답 다니는 생도에게는 가급적으로 예수교를 믿도록 권유하고 있으니 거의 예수교를 믿지 않는 사람은 없다. 그러나 본인이 절대로 반대한다면 강청强請하지는 않는다.

1933. 11. 7. 신문조서 中

문 모곡학교는 선교부에서 보조를 받고 있는가?

답 모곡학교를 설립할 때에는 물론 교원의 봉급 등도 거의 선교부에서 자금을 주어서 건물을 건축하거나 교원의 급료 등을 지급해

왔는데, 약 4, 5년 전부터 선교부에서 보조를 하지 않게 되었다. 그래서 부득이 그 학교를 폐교하지 않고는 유지할 방법이 없었으므로 내가 각 부락을 순회하여 유지들의 기부를 받고, 또는 내가 일부 사재를 던져 토지를 사서 기본 재산을 만들었으므로 매년 그 토지에서 나오는 수입으로 유지비에 충당하여 겨우 유지하고 있는데, 여자 교원은 현재도 선교부에서 급료를 매월 지급하고 있다.

1933. 11. 15. 신문조서 中

문 그대가 서면西面의 모곡학교牟谷學校를 설립한 동기는 무엇인가?

답 나는 일찍이 경성京城에 있을 때부터 미국인 선교사들과는 밀접한 교제를 했는데, 그 때는 영어를 하는 사람이 별로 없었으므로 궁중에 있을 때부터 내가 주로 그들의 접대를 담당했으므로 그 때부터 예수교를 믿었었다.

일한병합日韓併合 후에 내가 여전히 관직에 있는 것은 사람의 본분에 위배됨은 물론이고, 임금과 신하의 의리에도 벗어날 뿐 아니라, 경성에 살면 이른바 모든 문물이나 기타 내 눈에 비취는 것은 전부 적이기 때문에 현 주소로 와서 일반의 실황을 보니 실로 가련한 민족은 우리 조선민족 밖에 없다는 것을 알았는데, 그 원인을 탐구해 보니 조선민족은 비교적 다른 민족보다 지식의 정도가 낮아서 이 사회는 어떻게 되더라도 그것에는 전연 무관심하고, 다만 그날 그날의 호구의 방책만 있으면 그것으로 만족하는 것처럼 보여 꿈에서 전연 깨지 못하고 춘몽 중에 노니는 상태이므로, 이렇게 해서는 조선민족이라는 존재를 전연 인정할 수 없게 되므로 우선 교육기관으로 사립학교라도 하나 만들어 청년의 지식을 향상시켜서 꿈 속에 있는 가련한 민족을 불러일으킬 생각으로 미국인 선교사들에게 이곳은 다른 곳과 비교해서 매우 문화 정도가 늦어져 있다는 것을 누차 탄원하여 학교를 만들었다.

1933. 12. 10. 신문조서 中

문 모곡학교는 그대가 경영하고 있는가?

답 그렇다 내가 23, 4년 전에 기독교회로부터 10분의 9의 보조를 받고 내가 10분의 1을 출연하여 학교를 설립했다. 설립 당시는 아동 100여 명을 수용하고 교사 4명을 채용했는데, 현재는 수용 아동이 7, 80명으로 교원은 6명이다. 동교는 6년 전에 총독부의 인가를 받아 6년제의 보통학교령에 의하여 보통학교의 교과서를 가르치고 있다. 별로 종교는 가르치지 않지만 일요일 등에 약 1시간 쯤 5, 6학년생에게 가르치는 일도 있다.

문 그대는 민족사상이 농후하여 일본 통치 하에 있는 것을 좋아하지 않아서 산간에 은거하여 학교를 설립하고 생도에 대하여 민족사상을 주입하여 민족의식을 앙양시키고 또 일본이 조선에서 하는 정치를 비난하고 조선독립을 선동했다는데 어떤가?

답 그런 의사는 없다. 나는 산간의 농촌 사람이 지식에서 뒤떨어져 있으므로 그것을 구제하려고 학교를 설치하고 교육할 생각이었다.

1933. 12. 22. 신문조서 中

◎ 1938년 모곡학교 제4회 졸업식

◎ 1933년 11월 4일 '무궁화 사건'으로 남궁억이 일본 경찰에 체포 구속된 이후 모곡학교는 강제로 폐교되었다. 남은 학생들은 새로 개교한 '공립 모곡학교'로 옮겨 졸업을 하게 되었다.

남궁억과 창가교육

문 모곡학교 창가는 누가 가르치는가?

답 내가 가르치는 것은 5학년과 6학년 뿐이고, 다른 학생들은 담임 교원이 가르치는데, 많이 있으므로 잘 기억하지 못한다.

문 어떤 창가를 가르치는가?

답 그 종류는 일일이 기억하지 못한다.

문 그러면 '사계절 철을 잃은 나비'라는 창가는 누가 가르치는가?

답 다른 교원도 가르치지만 나도 가르친다.

문 '13도'와 '무궁화 동산이 그립다'는 창가는 어떤가?

답 '무궁화 동산이 그립다'는 창가는 우리 학교에서 하고 있지만, '13도'라는 창가는 들은 일이 없다.

문 그러나 그대가 가르치고 있는 생도 유기남兪奇男이라는 학생 의 창가학습장에 기재되어 있는데, 어떤가?

답 생도는 학교에서 배운 것만을 적는 것이 아니고, 자기들이 다른 곳에서 듣거나 본 것도 좋다고 생각하면 적으므로 그 점은 본인에게 듣지 않으면 모른다.

1933. 11. 15. 심문조서 中

문 그대는 모곡학교 5, 6학년 생도에게 창가를 가르치고 있었는가?

답 그렇다. 매주에 1시간씩 가르치고 있다.

문 위 창가 수업시간에 '무궁화', '철 잃은 나비', '무궁화 동산이 그립다' 등의 불온한 창가를 가르쳤다는데, 어떤가?

답 '무궁화'는 경성 지방에서 유행한 노래라고 해서 경성 사람에게서 베껴 가르친 일이 있다. '철 잃은 나비'는 조선인이 북간도 방면으로 이주하여 곤경을 겪고 있다고 들었으므로 동포애에서 부르게 되었다는 것으로써 가르쳤고, '무궁화 동산이 그립다'라는 창가는 모른다.

문 그대는 직접 또는 다른 교사를 시켜서 그런 불온한 창가를 순진한 생도에게 가르쳐서 민족사상을 주입했던 것이 아닌가?

답 그런 의미에서 가르친 것이 아니다. 보통 창가라고 생각하고 가르쳤다.

1933. 12. 22. 심문조서 中

◎ '무궁화 동산이 그립다'라는 창가는 모른다.
앞선 심문 조서에서 '무궁화 동산이 그립다'라는 창가를 가르쳤다고 한 것과 달리 이번 조서에서는 모른다고 대답하고 있다. 또한 앞선 조서에서 언급된 '13도'라는 창가 역시 '조선 지리가'의 다른 이름으로 남궁억이 학교에서 가르쳤음에도 불구하고 모른다고 대답하고 있다. 일본 경찰 질문에 대한 대답이라는 이 심문조서의 성격상 이 문답만으로 진위를 단정짓는 것은 불가능하며 '창가'에 대한 남궁억의 답변은 현재 남궁억 연구에서도 그 작곡 여부 등과 관련하여 언급되어지고 있다.

문 그대는 아동에게 어떤 창가를 가르쳤는가?

답 공립보통학교에서 가르치고 있는 창가에서는 일본국가 [임금의 시대] 외에 또 하나 그 창가명은 잊었는데, 그것을 일본어로 가르쳤다. 그리고 '무궁화 동산', '무궁화 삼천리', '철 잃은 나비' 외에 두 가지는 창가명을 잊어 버렸는데, 그것을 조선말로 가르쳤다. 그 중에서 철 잃은 나비만은 5, 6학년생에게만 가르쳤고, 기타는 3학년 이상에게 가르쳤었다.

문 그런 창가는 언제쯤부터 가르쳤는가?

답 6, 7년 전부터 가르쳤던 것으로 생각된다. 아니면 그 이전부터 가르친 일도 있다.

문 매년 같은 창가를 가르치는가?

답 창가시간은 1주일에 한 시간이므로 대체로 내가 말한 창가를 반복해서 가르쳤는데, 그것이 오래된 것이므로 또한 새로운 것을 가르치기도 한다.

문 '조선반도 내 사랑', '조선 어린이 행진곡', '우리들의 행진곡', '사계절의 노래', '늦은 무궁화' 등도 가르쳤던 것이 아닌가?

답 나는 가르친 일이 없으나, 3, 4년 전부터 그 중에서 말한 '조선반도 내 사랑'과 무엇이었는지 잊었으나 무엇인가 행진곡이라는 창가는 남궁경숙南宮庚淑이 1학년에서 6학년에게 가르친 일이 있다.

[이때, 판사는 피고인에 대하여 증 제19호 중의 '무궁화 동산', '무궁화 삼천리', '철 잃은 나비'라는 제목이 각각 붙은 창가를 보이다.]

문 이런 창가는 그대가 가르쳤는가?

답 그렇다.

문 '무궁화 동산'이라는 창가는 무엇을 나타내고 있는가?

답 무궁화는 조선민족을 대표한 꽃이고, 꽃 자체가 꽃 중에서 가장 고운 것처럼 조선민족도 번창하라는 것을 노래 부른 것이다.

문 '무궁화 삼천리'는 어떤가?

답 그 노래도 '무궁화 동산'과 마찬가지 의미인데, '무궁화 동산'은 무궁화만을 찬미한 것이지만 '무궁화 삼천리'는 조선민족과 조선의 산야山野를 찬미하고 그것을 자랑으로 한 노래이다.

문 '철 잃은 나비'는 어떤가?

답 그 노래는 조선민족이 조선 안에서 생활난에 쫓겨서 북간도로 가는데, 그 곳에서도 생활이 어려워 비참한 생활을 하고 있다는 것을 노래한 것이다.

1934. 5. 29. 심문조서 中

남궁억과 무궁화

문 학교에서 많은 무궁화를 재배하고 있는데, 그 동기는 무엇인가?

답 무궁화는 알고 있는 바와 같이 조선민족을 대표한다는 국화이므로, 그 꽃을 재배하여 많이 보급시켜 놓으면 자연 민족적 감정이 달라질 것은 이치의 당연이므로, 그 목적 아래 재배하여 보급하는 것은 사실이다.

문 생도에게 무궁화를 배부할 때 이 나무는 반드시 길 곁에나 정원에 심어서 일반의 민족사상을 환기하도록 하라고 하면서 배부했다는데, 어떤가?

답 원래 그것이 나의 주의이고 나아갈 도정이므로, 그것을 말한 것은 사실이다.

문 그대는 '무궁화'라는 불온한 창가를 만들어 생도와 함께 부르곤 했다는데, 어떤가?

답 몇 번이고 말한 바와 같이 내 주의가 그것이므로 한 일이다. 그러나 최근에는 경찰에서 주의를 받고 있어서 그 창가만은 부르지 않는다.

1933. 11. 7. 심문조서 中

문 조선역사를 발행한 일과 무궁화를 재배하여 배포하는 일은 어떤가?

답 그것도 전부 내가 지금까지 말한 바와 같이 조선민족은 지금 모두가 깊은 잠이 들어 꿈 속에 있는 것과 같은 것인데, 이렇게 해서는 조선민족은 존재가 없어지는 것은 사실이므로, 무궁화 등도 많이 배포하면 조선민족의 정신과 사상을 환기시킨다는 의미에서 조선역사를 발행하여 일반 유지에게 읽게 하고, 무궁화를 재배하여 배포하기로 했다. 그리고 조선민족이 보잘것 없는 나 정도쯤이라도 되어 있다고 하면, 일부러 조선역사를 발행하거나 무궁화를 선전한다는 것은 하지 않을 것이다. 현재의 정세는 유지하지만 이 방법이라도 취하지 않으면 언제까지나 꿈 속에 있을 것이기 때문이다. 무궁화는 조선민족을 표징하는 국화이므로 자국의 국화를 장려하여 민족사상을 일으키는 것이 무엇이 나쁜가. 나는 그 이유를 모르겠다.

1933. 12. 10. 심문조서 中

문 '무궁화 시'는 무엇을 나타냈는가?

답 사람은 꽃밭 같은 데에 여러 가지 꽃을 심고 있는데, 그런 꽃은 빨리 지거나 또는 마르거나 하지만 무궁화는 뿌리가 강하고 꽃은 2, 3개월 동안 피어 있어서 조선민족을 대표하고 있으니, 조선민족도 이 무궁화처럼 영구히 번창하라는 것을 나타내고 있다.

1934. 5. 29. 심문조서 中

역사교육

문 생도에게는 어떤 과목을 가르치고 있는가?

답 보통학교의 과목은 전부인데, 다만 조선어 보충으로 조선역사의 주요한 것을 가르친다.

문 조선역사는 생도 전부에게 가르치는가?

답 어린 아이들에게는 가르쳐도 모르므로 5학년부터 가르친다.

문 조선역사를 가르치는 이유는 무엇인가?

답 조선인으로서는 조선의 사정을 모르면 안되므로 조선역사 중에서 중요한 것만 골라서 가르친다.

문 각별하게 조선역사는 보통학교 과목에는 들어 있지 않음에도 불구하고 그것을 가르치는 것은 어떤 이유인가?

답 별로 깊은 뜻이 있는 것은 아니지만 알아 둘 필요가 있다고 생각해서 가르친다.

문 누가 담당해서 가르치는가?

답 내가 담당하고 있다.

문 그대는 조회 때 충신은 두 임금을 섬기지 않는다고 되어 있으므로 자기는 결코 이 세상에서는 출세하지 않음은 물론, 조선은 일본에 합병되었다고는 하지만 그것은 다만 형식에 지나지 않으므로 조선이라는 두 글자는 죽어도 잊을 수가 없으니, 나에게서 가르침을 받은 너희들도 조선을 잊어서는 안 된다고 했다는데, 사실인가?

답 나는 나이가 많으므로 어제 한 일도 오늘은 잊어버릴 정도이므로 확실한 기억은 없지만, 물론 내가 말했을 것으로 생각한다. 왜냐하면 나는 죽더라도 그 일만은 잊을 수가 없는 것이다. 진정으로 말하면 나는 한국시대(대한제국 시기)에 상당한 관직에 있던 사람으로 조선이 망해 버렸으니 소위 망국대부亡國大夫(망하여 없어진 나라의 벼슬아치)라고 한다. 그러니 그런 경우에는 당연히 자살이라도 하지 않으면 안 되는 데에도 불구하고 아직까지 살아 있으니, 민족적 사상이라든지 조선독립을 생각하는 것은 순간이라도 생각하지 않은 때가 없으므로 당연히 그런 정도의 말은 했을 것으로 생각된다.

문 조선어 보충수업 시간에 생도에게 우리는 현재 일본에 합병되어 왜장의 노복이 되어 있지만, 조선이 아무리 쇠약해 있더라도 너희들 청년이 용감한 힘을 길러 어떠한 천신만고의 일을 당하더라도 결코 굴복하지 말고, 그것을 쉽게 배제해 간다는 정신만 있으면 조선독립은 그렇게 어려운 문제가 아니고, 또한 전연 가망이 없는 것도 아니니, 먼저 용감한 정신을 만들어 나가라고 한 것은 사실인가?

답 방금도 말한 바와 같이 내가 취조관 앞에서 이런 말을 하는 것이 나쁠는지 모르나 죽더라도 민족운동이라든지 그 사상을 버릴 수도 없으므로, 말을 하다 보면 그런 말을 했을 것이다. 그러나 언제든지 그렇게 말한 것은 아니다. 나는 다만 여생이 얼마 남지 않았으니, 내가 말한 것이 법에 저촉된다면 어떤 처분이라도 달게 받겠다.

1933. 11. 7. 심문조서 中

문 그대는 〈조선역사〉를 많이 필사하여 팔았다는데, 어떤가?

답 〈조선역사〉는 전부 5책으로 되어 있는데, 5책을 11원에 팔았다.

문 판 부수는 얼마나 되는가?

답 잘 기억하지 못하는데, 약 14부 정도 된다고 생각한다.

문 산 사람은 누구인가?

답 내가 몇 번 말한 바와 같이 어제 한 일도 오늘은 잊어버릴 정도이므로, 누구에게 팔았는지 그 성명은 모른다.

문 판 대금은 어떻게 했는가?

답 그것도 종이 값이라든지 필사한 사람의 보수를 주고 남은 돈을 무궁화 나무를 판돈과 마찬가지로 생도에게 또는 학교비용으로 사용하고, 나는 1리도 이익을 취한 것이 없다.

문 왜 그런 불온한 역사를 팔았는가?

답 내가 경성에 있을 때에는 시골의 실상을 잘 몰랐었다. 그런데 와서 보니 실로 불쌍한 사람은 조선민족이란 것을 자각했는데, 첫째로 세계에서 중국을 웃음거리처럼 취급하지만, 중국은 점점 발전해 가고 있다. 그런데 조선은 아직 꿈 속에서 헤매고 있는 것처럼 조선의 정신을 모르고, 다만 막연히 그날 그날 입에 풀칠하는 방책만 얻으면 그것으로 만족한 것처럼 생각하고 있으니, 그것을 볼 때에 내가 아메리카나 프랑스처럼 전연 관계가 없는 나라의 사람이라면 굳이 그런 것도 생각하지 않을 것이나, 같은 인종이며 더구나 같은 민족이면서 무관심하게 있으니 그것을 보고 가만히 있을 수는 없다. 어떤 방법을 취해서 조금이라도 조선민족이 이렇게 언제까지나 꿈에서 깨지 않고 있을 시기가 아니라는 것을 말로라도 하지 않으면 안 된다는 것을 통절하게 느꼈던 것이다. 그 뿐만 아니라 현재의 조선민족은 우리나라의 고유하고 훌륭한 정신을 모르고, 지금의 중국을 대국이라 하고 있으니 그것을 들을 때에는 실로 불쌍한 생각이 든다. 그래서 이 정신을 타파하고 조선이란 나라는 이렇게 훌륭한 고유 역사가 있으므로 함부로 모화주의慕華主義, 이른바 중국을 대국이라 한다든지, 다른 나라를 선망해 보든지 하지 말고, 그런 생각을 고치도록 하기 위해서 조선역사를 발행했었다.

문 등사판으로 찍었는가?

답 등사판으로 찍으면 현행 법규에 위반된다고 하므로 복사지를 사용하여 골필骨筆(먹지를 대고 복사할 때에 쓰는 필기도구)로 필사했다.

문 누가 필사했는가?

답 김춘국金春國과 남궁록南宮錄이라는 사람이 주로 썼다.

문 불온한 역사라는 것을 알면서 썼는가?

답 물론 현재의 정치 방침에는 적합하지 않을지는 모르지만, 나로서는 불온도 아무것도 아니다.

문 그 밖에 이익이 될 것은 없는가?

답 별로 없는데, 나는 다만 조선민족의 고유한 정신을 발휘하게 하는 것이, 또는 조선민족을 위하여 내가 한 일이 다소라도 효과가 있다면 그것으로 족하므로 이해관계가 되는 그런 것은 없다.

1933. 11. 7. 심문조서 中

문 그대는 모곡학교 생도에게 조선역사를 가르쳤다는데, 어떤가?

답 그렇다 내가 5, 6학년 생도에게 매주 1시간쯤씩 조선어 보충의 의미에서 조선역사를 이야기로 가르친 일이 있다.

문 그대가 조선역사를 가르친 것은 언제부터 언제까지인가?

답 3년 전부터 현재까지 내가 담당하고 있다.

1933. 12. 22. 심문조서 中

문 모곡학교에서는 조선어 보충시간이 있었다는데, 그런가?

답 그렇다.

문 그대는 조선어 보충시간에 조선의 역사를 가르쳤다는데, 그런가?

답 나는 조선의 옛날부터 여러 가지 것을 역사적으로 쓴 재료를 취하여 조선어 보충이라 하고, 조선어 보충시간에 그 책에 의하여 옛날부터 위대한 사람의 전기 등을 필기시켜서 자세한 이야기를 하여 들려 준 일이 있다.

문 그 조선역사의 원고는 언제쯤 만들었는가?

답 12년 전이다.

문 조선역사는 몇 학년 생에게 가르쳤는가?

답 5, 6학년 생이다.

문 언제쯤부터 가르쳤는가?

답 10년 전부터 지금까지이다.

문 1주일에 몇 시간 가르쳤는가?

답 1주일에 한 시간이다.

문 그대가 가르친 조선역사의 내용을 매우 간단하게 말하면 어떤 것인가?

답 옛날부터의 인물을 들어서 그 인물에 대한 선악을 말하고, 따라서 조선민족에는 그런 사람도 있었으니 좋은 것은 배우고 나쁜 것은 버리지 않으면 안 된다는 것을 가르쳤었다.

문 어떤 인물을 들었는가?

답 거의 기억하지 못하나 조선의 시조인 단군 때에 고시高施라는 사람이 논밭을 갈아서 곡식을 심는 것을 가르쳤으므로, 오늘에도 백성들이 들에 나가 식사를 할 때에 먼저 한두 젓가락의 밥을 논밭에 올리는 것은 고시에게 올리는 것이라는 전설, 또 단군의 아들이 강화도의 마니산에 와서 성을 쌓았다는 것, 박혁거세는 신라의 시조인데 지금 박씨 성의 조상이란 것과 조선에서 이조 시대의 최초의 임금은 이성계라는 것을 말했다.

1934. 5. 29. 심문조서 中

조선의 독립

문 그대가 경성에서 산간벽지에 와 있는 이면은 무엇인가?

답 전회에도 말한 바와 같이 망국의 대부는 자살하는 것이 정당하다. 나는 조선이 멸망함에도 불구하고 경성에 남아 있을 수는 없을 뿐만 아니라 도회지에 있으면 매일 눈에 보이는 것과 귀에 들리는 것이 거의 나의 주의, 사상에 위배되므로 그것보다는 차라리 아무 것도 들리지 않는 산간벽지에 와서 숨어 있는 것이 득이라고 생각했기 때문이다.

문 어떠한 주의, 사상에 위배되는가?

답 나는 조선민족이므로, 나는 어디까지나 애국주의이다.

1933. 11. 15. 심문조서 中

문 그대는 금년 4월 5일에 모곡예배당에서 조선민족에 대하여 강연을 하고 울었다고 하는데, 어떤가?

답 나는 날짜는 모르나, 나는 조선민족을 어떻게 하면 비참한 처지에서 구해낼 수 있는가 하는 것을 말하고 운 것은 한두 번이 아니고 늘 하는 일이다. 뿐만 아니라 나 혼자 마루에 앉아 있으면서 앞산을 보고도 이 조선민족을 어떻게 하면 좋은가 하는 생각이 나면 혼자서도 우는 정도이니 예배당에서는 물론 어디에서도 이야기하다가는 반드시 눈물이 나게 되므로, 그 때에도 그렇게 말했을 것으로 생각된다.

문 어떤 말을 했는가?

답 내가 항상 생각하고 있는 것은 조선민족만큼 불쌍한 민족은 세계에서 없으니, 이 민족을 어떻게 할 것인가! 나는 이 민족을 이대로 두고서는 죽을 수도 없으므로, 전부 자각해 달라고 했을 것이다.

문 자각해 달라는 것은 무엇인가?

답 언제까지나 꿈 속에 있지 말고 눈을 뜨라는 의미이다.

문 조선민족이 꿈 속에 있다고 한 것은 무엇을 말하는가?

답 방금 말한 바와 같이 조선민족은 지식이 없으므로 사회 사정에는 전연 무관심하고, 다만 호구의 방책만 얻으면 그것으로 만족하고, 특히 중국을 대국이라고 하며 세계의 강국을 선망하기도 한다. 그 원인은 아무 것도 모르기 때문이다. 조선도 세계 강국에 비견할 만큼 훌륭하고 고유한 역사를 가지고 있으면서, 그것을 모르고 다른 민족에게서 압박을 받거나 생활에 쫓기면서도 아무 것도 생각하지 않고 막연히 있으므로, 본분을 모르고 전적으로 꿈 속에서 놀고 있는 것과 마찬가지라고 했다.

문 다른 민족에게 조선민족이 압박을 받는다는 것은 어떤 것인가?

답 알고 있는 바와 같이 조선이라는 국가는 현재 멸망해 있으므로, 열국이 조선민족을 볼 때는 전적으로 무생물 취급을 하고 있는 느낌이 있는 것이다. 무엇보다도 나라가 멸망해 있는데 그 국민이 안락만을 구하는 것은 지극히 어리석은 일이란 것을 알고 있으므로, 우리 조선민족이 압박을 받는 것을 부득이한 일이라고 생각되는데, 이 가련한 민족을 어떻게 하면 구제할 수 있겠는가. 그것을 생각할 때 피눈물을 흘리지 않을 수 없기 때문에, 나는 항상 친구들과 술을 마시는 자리에서나 좌담을 할 때에는 이 민족의 일을 생각하고 몇 번이나 운 것은 사실이다. 그러나 어떤 압박을 받느냐는 것은 많이 말하면 말할수록 내 가슴이 아플 뿐이므로 많이는 말하지 않을 것인데, 그대도 조선민족의 일분자라면 생각해 보기 바란다.

문 조선민족이 압박을 받는 것을 본직本職이(내가) 생각해도 모르겠는데, 무엇인가 자세하게 말하라.

답 내가 통절하게 느끼는 것은 첫째가 조선의 노동자가 일본 방면으로 노동하러 가는 사람이 격증하고 있는 것, 둘째가 많은 가족을 거느리고 북간도 방면으로 이주하고 있는 것, 셋째가 조선민족의 고혈을 착취하고 있다는 것이다.

문 그러면 그 이유는 무엇인가?

답 근래 신문지상에서 전하는 바에 의하면, 매일처럼 일본으로 가는 조선인 노동자가 격증하여 도항하고 있는 것은 물론, 조선 안에서도 안전지대가 없으니 많은 가족을 거느리고 고국을 떠나서 북간도 방면을 향하여 생활선을 찾아가는 사람이 매년 늘어가고 있는데, 그 사람들의 심정은 어떻겠는지 그것을 생각할 때에는 피눈물이 저절로 흘러 가슴이 아픈 것이다. 그것은 다만 조선민족이기 때문에 이런 비참한 일을 당하는 것이니, 무엇을 한탄하고 누구를 원망하기 보다도 우리들이 왜 조선민족으로 태어났는가, 다만 그것을 한탄하는 것 밖에는 다른 방법이 없다.

그러나 현재의 정치가라는 사람은 조선의 문화 정도가 일한병합日韓併合 전과 비교하면 천양의 차이가 있다거나, 진실로 훌륭한 문화정치가 이룩되어 조선민족을 위해서도 다시 없는 행복이라고 엉터리 말만 하고 있지만, 무엇을 가지고 그런 어리석은 말을 하는지, 사람의 얼굴로는 그런 말은 할 수 없을 것이다. 그 이유를 말한다면 일한병합 전에는 정치가 나쁘거나 좋거나 조선인은 조선 안에서 생활의 안정이 되었었다. 그러나 후에 이런 비참한 일이 속출하는 것을 보면, 말하지 않더라도 조선민족이 가혹한 정치와 그 압박을 견디지 못하고 갈 곳이 없으니 생활선을 찾아간다는 증거가 아닌가? 이것으로써 정치가 좋다고 하거나, 조선을 위하여 행복하다고 말하겠는가.

나는 결코 현재의 정치가 적당하다는 것은 꿈에도 생각할 수 없고, 어디까지나 반대한다. 관헌이 나를 일본의 노예가 되어 있는 자가 제국주의에 반대하는 것을 사람들에게 선동한다고 해서 처벌한다면 어떤 처분도 받겠으나, 내가 의義를 위하여 죽는다는 것은 알아주기 바란다. 그것은 온갖 명목을 붙여서 인민으로부터 착취하는 세금은 매년 불어가는 형편이므로 조선인이 경제적 파멸을 당할 수밖에 없다. 뿐만 아니라 남선지방의 상황을 보면 토지나 산림을 조선인이 소유하고 있는 것은 얼마되지 않고 거의 일본인의 소유로 되어 있는데, 그것은 일본인이 조선인을 구축하는 정책으로 토지는 거의 동척東拓회사에서 점유하고, 산림은 삼정三井회사에서 점유하고, 기타도 모조리 일본인의 손으로 넘어가 있다. 그것이 일본인이 조선인을 구축하고 조선 내에 세력을 신장하여 전부 빼앗는다는 것을 모른다.

아무 것도 모르는 불쌍한 조선민족은 다만 눈앞의 작은 이익에 빠져서 보통 조선인 사이에서의 매매대금보다 얼마쯤 값을 더 준다는 것에 편승하여 수천 년의 조선 국토를 일본인의 손으로 넘기고, 자기는 갈 곳을 몰라 길가에서 방황하고 있는 것을 볼 때에, 나와 같은 동지가 있다면 눈물을 흘리고 울지 않을 수 없을 것이다.

[여기에서 약 3분간 눈물을 흘림과 동시에 한숨을 쉬다.]

이 정책이 멀지 않아서 전 조선에 걸쳐서 우리 도내에도 들어올 것은 무엇보다도 명료하다. 그렇게 되면 그 때에는 조선민족이 어디로 가겠는가.

다만 푸른 하늘을 쳐다보면서 눈물을 흘릴 뿐으로 하늘이 이 민족을 구제해 줄 기회를 기대하고 있을 뿐이다. 아무리 하늘이 무정하다고 하더라도 조선민족을 이대로 죽이지는 않는다고 생각한다.

문 하늘에서 조선민족을 구제할 시기를 준다는 것은 어떤 의미인가?

답 일한병합은 인위적이고 천연적은 아니므로, 인위적으로 병합한 것을 인위적으로 분리시키는 것은 그렇게 어려운 일이 아니다. 그러면 조선이 분리되는 것은 조선민족을 구제하는 기회가 되는 것이다.

문 하늘에서 구제의 기회를 주기보다는 그대가 만드는 것이 아닌가?

답 나는 이미 나이가 71살이나 된 노년이므로, 그 일이 잠시도 뇌리에서 떠날 수가 없는 것은 사실이지만 나 한 개인의 힘만으로는 도저히 가망이 없는 일이다. 차라리 나는 이러한 비참한 민족을 보면서 살기보다는 지금이라도 죽는 쪽이 훨씬 낫다고 생각한다.

문 일한병합은 인위적으로 된 일이므로 인위적으로 분리한다는 것은 무엇인가?

답 일한병합 당시의 일을 생각해 보면 지금도 가슴이 아파서 말을 할 수가 없다. 그것을 자세히 말하자면, 조선의 대역자인 이완용李完用과 송병준宋秉畯 두 사람은 대군주에게 일한병합을 해서 조선의 장래를 지금보다도 안고安固(안전하고 튼튼함)하게 하는 것이 득책得策(좋은 계책)이라고 상주했지만, 대군주는 그것을 듣지 않았었다. 그런데 이등박문伊藤博文이 대역자 이완용 등과 통모하여 대군주 앞에 가서 조선을 일본에 합병해 주지 않으면 귀하의 목숨은 이 시각에 달려 있다고 하면서 입으로는 말할 수 없을 정도로 무서운 협박을 더하여 일한병합을 핍박했으므로, 대군주도 눈물을 흘리면서 불가피한 사정이란 것을 생각하고 그 황태자에게 황위를 양위했는데, 그 동안에 일본 헌병은 경성부京城府 내에 있는 중심인물을 전부 자유롭게 출입하지 못하도록 포위하고, 병기는 물론 심지어는 경성 민가에서 사용하는 부엌칼까지도 거두어서 위험 예방책을 강구하고, 새 황제가 그리 인물이 출중하지 못한 것을 기회로 하여 사내정의寺內正毅, 이등박문, 이완용, 송병준 등이 새 황제에게 협박을 가하여 마침내 일한병합이라는 미명 아래 조선의 정권을 빼앗고 말았다.

◎ 데라우치 마사타케(1852-1919)
육군 군인이자 정치가. 제3대 한국 통감으로 부임하여 일제의 한국강제병합을 주도하였고, 병합 후에 초대 조선총독에 임명되었다.

이것은 조선국왕이 자발적으로 병합한 것도 아니고, 또는 그런 의사가 있었던 것도 아니고, 다만 협박에 견디지 못하여 정권을 준 것이므로 그 병합이 진실한 병합인지, 또 그 정도로 협박을 가하여 한 것이 과연 영구히 지속하는가 하면, 결코 그렇게 제멋대로 되는 것은 아니다. 이것을 보고 하늘이 공평무사한 판단을 언젠가 내려 줄 것은 사실이다. 나는 일한병합 때에 수일 동안 음식을 전폐하고, 주야로 울고 있었다. 뿐만 아니라 그 뒤에는 오늘까지 아직 한 번도 내 마음이 유쾌해서 웃고 재미있게 논 일이 없다. 이 일을 잊어버리고 가만히 있다는 것은 죽기 전에는 도저히 될 수가 없다.

문 그러면 일한병합은 물론 현재 조선의 정치에 반대하는 것이 아닌가?

답 나는 이것 만은 죽은 뒤에는 모르지만, 죽을 때까지는 반대하지 않고는 있을 수 없다. 앞에서도 말한 대로 일본의 노예가 되어 있는 사람이 무슨 건방진 말을 하더라도 결코 반제국주의이므로 처벌한다면 어떤 벌을 받아도 상관없다.

문 그러면 조선의 통치에 불만을 가지고 모곡학교를 설립하고, 그곳을 나온 학생들을 망라하여 조선의 독립을 시키는 기초를 만든다는 것이 아닌가?

답 나는 그런 극단적인 일을 생각하고 학교를 만든 것은 아니지만, 하여튼 조선민족은 현재 꿈에서 전혀 존재를 인정해 주지 않으니, 조선민족은 지금 꿈에서 놀 시기가 아니므로 꿈을 깨워서 일으켜 세울 목적이었던 것은 사실이다.

문 그대는 조선이 일본에게 합병되었다고 하지만 그것은 형식적이고, 조선은 역시 조선으로 있으니 그것을 독립시키는 데는 청년의 용감력과, 어떤 어려운 일에 봉착하더라도 천신만고하여 그것을 배제하고 나아갈 만한 용기만 있으면 조선독립은 그렇게 어려운 일도 아니니, 우선 용감력을 만들라고 지난 9월에 모곡학교 생도들에 독립을 선동했다고 하는데, 어떤가?

답 말할 나위도 없이 세계에서 가장 가련한 조선민족이지만 그 근본 심리만은 결코 그렇게 빈약한 것이 아니므로, 나는 여기에서 어떤 중벌을 받더라도 내 주의를 굽힐 수는 없다. 나는 시종일관 민주주의이므로 생도는 물론, 나는 친구와 좌담할 때도 항상 조선민족에 대해서 말하고 있으므로, 그 정도의 일은 당연히 말해도 좋을 것으로 생각하므로 그렇게 말했을 것으로 생각되는데, 나는 노령이므로 기억이 없으므로 확실한 것은 모르겠다.

문 아무 것도 모르는 때묻지 않은 생도에게 그런 불온한 말을 하여 어린 아이들의 전도를 그르치는 것은 교장으로서 어떤 책임감이 있는가?

답 나는 책임감도 아무 것도 없다. 그런데 이 일을 일본인에게 말하라고 하면 불온하다고 할지 모르나, 우리들 조선민족으로서는 당연한 일이라고 생각한다. 아무리 왜장의 노예가 되어 자유가 없는지 모르나, 조선인으로서 그 정도의 정신이 없다면 그런 사람은 이미 죽은 사람이니 조선민족이 아니다. 내가 어디까지나 애국정신을 가지고 있는 사람이라는 것은 누구나 알고 있을 것이다. 뿐만 아니라 생도라도 조선민족인 이상 그 정도의 정신이 없다면 아무 것도 되지 않으니, 민족적 사상을 환기시키기 위해서는 말하지 않으면 안 된다.

문 조선을 독립시킨다면 어떤 정치를 하는가?

답 내가 생각하기에는 재정이나 군비가 그리 충실하지 못하므로, 유럽의 덴마크와 마찬가지로 간단한 정치를 하면 충분히 독립국가로서 유지해 갈 수 있으므로 그것을 생각하고 있다.

문 일한병합을 왜 반대하는가?

답 나는 진실한 일한병합이 되더라도 결코 그것을 좋게 생각하지 않는다. 하물며 일한병합이라고 하면 한 가족과 마찬가지로 하는 것이 원칙인데, 현재의 정치는 조선인을 노예 취급을 하고 있으니, 그것에 호감을 가질 수 있겠는가. 나는 한 가족과 같이 해 주더라도 조선국이 근본에서 없어지므로 처음부터 반대하는 것이다.

1933. 12. 10. 심문조서 中

문 그대는 일한병합에 대하여 자기 의견을 더하여 말한 일이 있는가?

답 나는 일한병합에 대해서는 말이 나올 때마다 자기의 의견을 덧붙여 시간이 가는 줄도 모르고 몇 번이나 말한 일이 있다.

문 어떤 것을 말했는가?

답 그 이유로는 병합 당시에 조선의 임금은 세계 사정에 어두워 나쁜 사람들에게 권력을 주었기 때문에 그 악당들은 일본 편을 들어서 조선은 망했으므로, 이제부터 조선에서는 전비前非(이전에 저지른 잘못)를 깨닫고 각 방면에 분려憤勵(마음과 기운을 가다듬어 힘씀) 노력하여 망한 나라를 회복하지 않으면 안 된다고 말했었다.

문 그 때에 구체적인 것을 말했는가?

답 그것에 대한 구체적인 이야기로는 이태왕李太王(대한제국 순종 때에 상왕인 고종을 이르던 말)이 7적이라고 말하는 이완용, 송병준 등에게 권력을 주어, 그들이 일본과 조선을 병합하도록 했는데, 그 사람들은 일본에서 막대한 금품을 받았다는 사실을 말하고, 그것에 부수하여 조선인은 옛날부터 중국을 대국이라고 하여 대단히 숭배해 왔는데, 자기 나라에 대한 관념이 없었다는 등의 모든 원인으로 조선이 망했으니, 금후 조선민족은 그런 사상을 가진 자민족, 곧 우리의 나라라는 관념을 굳게 가지지 않으면 안 된다는 것을 말했다.

문 그런 것을 조선어 보충시간에 말했는가?

답 주로 그러한데, 그 밖의 시간에도 조선에 관한 것이 나왔을 때에는 그런 것을 말했다.

문 그대는 조선은 지금 형식적으로 일본에 병합되어 쇠미해 있지만, 낙담하지 말고 용감력을 길러 가면 조선의 독립이란 것은 그리 어려운 일이 아니라고 조선어 보충 시간에 말했었다는데, 그런가?

답 조선어 보충시간 뿐만 아니라 기회가 있을 때마다 그런 말을 했었다.

문 그대는 조선은 일한병합 이래 매년 세금이 늘어날 뿐만 아니 라 경제적으로 압박을 받는다는 것을 조선어 보충시간에 말한 모양인데, 그런가?

답 조선어 보충시간이었는지 어떤지는 기억하지 못하겠으나 조선인의 생활이 더욱 곤란하게 된다고 하면서 말한 일이 있으나, 그

때 조선이 일한병합 이래 세금을 너무 많이 빼앗긴다는 것을 말한 일은 없다.

문 공립보통학교에서는 조선어 보충이라는 시간의 배정이 있는가?
답 그런 시간의 배정은 없다고 생각한다.

문 그러면 그대는 왜 그런 시간 배정을 정했는가?
답 조선인이 조선의 사정을 모르므로 조선어 보충으로 가르쳤다.

1934. 5. 29. 심문조서 中

연보

◎ 1863년 12월 27일. 서울 정동貞洞 왜송倭松골에서 태어났다. 아버지 남궁영은 철종 때에 무과 중추도사를 지냈던 인물이었다. 아버지와 어머니 덕수 이씨의 열두 자녀 중 독자로 출생하였으며, 어려서 아버지를 여의고 홀머어니와 함께 가난한 생활 속에서 성장하였다. 본관은 함열咸悅이고, 이름은 억檍, 자字는 치만致萬이다.

◎ 1868년에 이웃에 사는 이사과 댁 독선생에게 어깨너머로 글공부 시작하였다가 1874년 정식으로 한문사숙에 입학하게 되었다.

◎ 1878년 남원南原 양씨 혜덕과 결혼하였는데, 그의 나이 만 15세였다.

◎ 1883년 9월 서울 재동齋洞에 설립된 최초의 영어학교에 입학하여 송달현宋達顯, 주우남朱雨南과 함께 영어 교육을 받았으며 이듬해인 1884년 우수생으로 졸업하였다.

◎ 1884년 6월 독일인 선생인 묄렌도르프(P.G. von Möllendorf)의 추천으로 경성 총해관總海關 견습생으로 실습 업무를 배우게 되었다.

◎ 1886년 2월 내부內部의 주사主事로 임관되어, 고종의 영어통역관으로 그의 첫 관직 생활이 시작되었다.

◎ 1887년 구미 6개국(미국, 영국, 러시아, 프랑스, 독일, 이탈리아) 순방사절단의 통역 서기관으로 전권대사全權大使 조민희趙民熙를 수행하여 순방하던 중 홍콩에 도착하게 되었다. 하지만 이때 친청親淸 수구파守舊派 민영익 등과 조민희의 대립으로 본국으로 돌아오지 못하고, 홍콩에 머물다 2년 만에 귀국하였다.

◎ 1889년 고종의 명으로 궁내부宮內府 별군직別軍職에 임명되어 1893년까지 4년 동안 봉직하였는데, 이 시기에 고종으로부터 팔판동八判洞에 있는 주택을 하사받기도 하였다.

◎ 1893년 4월 4일 경상도 칠곡부사府使로 부임하다

◎ 1895년 내부內部 토목국장에 임명되어 서울의 건설에 참여하였다. 종로와 정동 일대, 그리고 육조六曹 앞과 남대문 사이의 도로를 정비하고 탑골공원 창건하였다. 홍화학교(민영환 설립)에서 영문법, 동국사(우리 역사)를 가르쳤다.

◎ 1896년 서재필 등과 함께 독립협회운동을 전개하였다. 4월 〈독립신문〉 창간(영문판 편집장), 7월 독립협회 설립(수석총무, 사법위원, 총대의원으로 활동 중 두 번 구속 수감), 12월에 창간된 독립협회의 격월간지 〈대조선 독립협회 회보〉 간행에도 참여하는 등 언론인으로서 활동하였다.

◎ 1898년 독립협회는 만민공동회를 개최하여 6개안의 국정 개혁안 요구하였으나 결국 정부에 의해 12월 강제 해산되었다. 남궁억은 이때 1898년 3월 8일자로 정부의 정식 인가를 받은 〈황성신문〉을 9월 5일 창간하여 사장 겸 주필이 되었다. 〈황성신문〉은 한문을 아는 특권층을 위한 신문이 아니라, 국한문을 사용하여 일반 대중들에게 국가 상황과 국제 정세를 알리고자 하였다.

◎ 1900년 7월 〈황성신문〉에 러시아와 일본의 한국분할설에 관련된 글을 외국 신문에서 옮겨 실어 폭로하여 경무청에 구금되었다. 1902년 5월에는 동학농민운동 이후 맺은 일본과 러시아의 협정에 나타나는 침략성을 실어 총무 나수연과 함께 구속되어, 4개월간 옥고를 치렀다. 1903년 총무 나수연, 박영효와 함께 의병을 일으키려 한다는 모함을 받고 다시 4개월간 고문과 옥고를 치렀다. 석방 후 〈황성신문〉 사장직을 사임하였다.

◎ 1905년 성주목사 부임하였으나, 친일파 관료였던 경상도 관찰사 이근택 무리와 대립하면서 사임하고 서울로 돌아왔다.

◎ 1906년 '을사늑약' 체결 이후 양양군수로 부임하였다. 이때 모아들인 기부금과 문중의 재산 등 4천 환을 기반으로 양양의 동헌 뒷산에 7월 20일 사립 현산학교(현 양양초등) 설립하였다. 이 시기에 조림造林사업을 장려하여 강산면, 도촌면 일대에 해송海松 식목사업을 하였다.

◎ 1907년 9월 양양군수를 사임하고, 대한협회의 회장으로 취임하였다. 그러나 일본인들의 간섭과 정부의 압력, 그리고 협회의 내분과 친일적 행동으로 1908년 12월 사임하였다. 이 시기 〈대한협회회보〉에 '사상과 능력의 상수', '사회조화' 등의 글을 기고하였다.

◎ 1908년 학교에 다니지 못하는 청소년들을 위해 동국역사東國歷史, 대한지지大韓地誌, 만국역사萬國歷史, 만국지지萬國地誌, 산술算術, 물리학, 위생론, 가정요결家庭要訣, 한문초학, 담설譚說 등의 과목을 한글로 꾸민 〈교육월보〉 제1호를 발행하였다.

4월에는 남궁억을 비롯하여 강원도 출신의 지사들이 관동학회를 설립하여 교육사업, 애국운동, 계몽강연, 청년운동 등에 힘썼다. 이때 남궁억은 회장에 취임하여 강원도 각 지방의 교육 보급을 위해 노력하였다.

◎ 1910년 한일 강제조약 발표되자 유원표, 윤치호, 박은식, 노백린, 양기탁, 홍성실, 조만식 등과 민족교육을 위한 민립대학 건립 기성회를 발기하였으나, 뜻을 이루지는 못하였다. 또한 배화학당에서 교사로서 활동하였다. 11월 종교교회에서 입교세례를 받았다.

◎ 1912년 배화학당에서 아이들을 가르치는 한편, 상동청년야학원 원장이 되어 활동하였다.

◎ 1914년 배화학당에서 아이들을 가르키면서, 근대적 여성 교육을

위하여 가정학 교과서인 《가정교육》을 엮어 내었다. 한편, 《신편 언문체법》이라는 한글 서도書道 교과서를 간행하여 일본의 감시를 피해 한글 교육을 하였으며, 아이들에게 손수건에 무궁화 수를 놓게 하는 등 애국 교육에 힘썼다.

◎ 1915년 종교교회에서 남감리회 본처 전도사 직임을 받았다.

◎ 1918년 심신이 쇠약해 지자 친지들의 권고에 따라 선향先鄕인 홍천군 서면 보리울(모곡리牟谷里)로 낙향하였다. 그의 나이 56세였다. 낙향하기 전 위암 장지연에게 편지를 보내어 '외진 산골이지만 산을 등지고 강을 끼고 있고 자못 살만한 곳이어서 제 삶을 이곳에서 다하고자 할 뿐입니다.'라고 전언하였다.

◎ 1919년 9월 모곡리로 낙향 한 후, 대지를 사들여서 예배당을 지어 사람들과 아이들을 모아 예배 드리고 교육활동을 시작하였다. 이 예배당을 이용하여 4년제 보통학교 정도의 모곡학교를 세워 농촌의 청소년 교육에 주력하였다. 현재 이 예배당은 한서기념관 자리이며, 그 옆에 예배당이 복원되어 있다.

◎ 1923년 9월 모곡학교의 확장을 위해 감리교 선교부와 홍천군 유지들의 힘을 얻어 100여 평의 새 교사와 기숙사를 완성하였다.

◎ 1924년 4권으로 된 《동사략東史略》을 저술하였다.

◎ 1925년 3월 모곡학교를 6년제 사립학교로 인가를 받았으며, 무궁화 묘포를 경영하여 무궁화 나무의 보급에 힘썼다.

◎ 1929년 한국 역사 사화집史話集인 《조선이야기》를 저술하였다(전 5책).

◎ 1933년 11월 국사 교육 사업과 비밀 결사 단체인 십자가당 사건으로 구금되어 서울 서대문 감옥에서 옥고를 치르다 병보석으로 석방되었다.

◎ 1939년 4월 5일 병고에 시달리다가 숙원이던 독립을 보지 못한 채 77세를 일기로 별세하였다.

참고문헌

1차 문헌자료

단행본 및 기사

남궁억, 《가정교육》유일서관, 1914.

______, 《신편언문체법》 1914.

______, 《조선이야기》 1929.

______,《(필사)조선문법》, 탑출판사, 1989.

남궁억,유달영,《조선최근사》 1945.

남궁억, 《조선어보충》-《조선어보완》이라고도 일컬어지며 일제의 압수와 한국정쟁으로 지금은 대부분 소실되었다.

〈황성신문〉

2차 문헌자료

단행본

김세한, 《한서 남궁억 선생의 생애》, 한서남궁억선생 기념사업회, 1960.

김상태 편역, 《윤치호 일기 1916-1943, 한 지식인의 내면세계를 통해 본 식민지시기》, 역사비평사, 2001.

김정민, 《열사의노래》, 비단길, 2003.

현재호 엮음, 《삼천리 반도 금수강산 하나님 주신 동산》, 홍천군,

2006.

민경배, 《한국교회 찬송가사》, 연세대학교 출판부, 1997.

연구논문

한규무, '한서 남궁억의 사상과 활동', 〈역사와 경계〉 제54집, 2005, pp.1-28.

한규무, '한서 남궁억의 신앙과 활동에 대한 몇 가지 문제', 〈한국기독교역사연구소 소식지〉 제69호, 2005, pp.3-14.

정병남, '민족혼 심은 개화파교사 남궁억', 〈중등우리교육〉 제55호, 1994, pp.112-117.

하지연, '한말 한서 남궁억의 정치, 언론 활동', 〈이화사학연구〉 제31집, 2004, pp.103-122.

길창근, '한서 남궁억의 생애와 교육 사상에 대한 고찰', 〈장안논총〉, 1993, pp.993-1016.

피정만, '한서 남궁억과 강원도 근대교육', 〈강원문화연구〉 11집, 1992, pp.41-57.

이시용, '한서 남궁억의 교육사상' 〈진주산업대학교 논문집〉, 1992, pp.753-772.

이종철, '한서 남궁억의 민족운동에 대한 고찰', 〈서울여대 논문집〉, 1985, pp.341-364.

김동면, '한서 남궁억의 역사관', 〈한국사연구〉 46집, 1984, pp.91-115.

남궁용권, '한서 남궁억 사상의 고찰', 〈관대논문집關大論文集〉 4집, 1976, pp.295-312.